多维协同 差异均衡：
省域中职专业建设质量
提升模式的理论与实践

廖大凯　黄　鑫　陈　磊

屈　璐　程远东　　编著

北京理工大学出版社

BEIJING INSTITUTE OF TECHNOLOGY PRESS

图书在版编目（CIP）数据

多维协同　差异均衡：省域中职专业建设质量提升
模式的理论与实践/廖大凯等编著. --北京：北京理
工大学出版社，2022.5
　　ISBN 978-7-5763-1339-0

　　Ⅰ.①多…　Ⅱ.①廖…　Ⅲ.①中等专业学校-专业设
置-学科建设-研究-四川　Ⅳ.①G719.2

　　中国版本图书馆 CIP 数据核字（2022）第 091388 号

出版发行 / 北京理工大学出版社有限责任公司
社　　　址 / 北京市海淀区中关村南大街 5 号
邮　　　编 / 100081
电　　　话 / （010）68914775（总编室）
　　　　　　 （010）82562903（教材售后服务热线）
　　　　　　 （010）68944723（其他图书服务热线）
网　　　址 / http://www.bitpress.com.cn
经　　　销 / 全国各地新华书店
印　　　刷 / 三河市华骏印务包装有限公司
开　　　本 / 787 毫米×1092 毫米　1/16
印　　　张 / 10　　　　　　　　　　　　　　　　责任编辑 / 徐艳君
字　　　数 / 208 千字　　　　　　　　　　　　　　文案编辑 / 徐艳君
版　　　次 / 2022 年 5 月第 1 版　2022 年 5 月第 1 次印刷　责任校对 / 周瑞红
定　　　价 / 79.00 元　　　　　　　　　　　　　　责任印制 / 施胜娟

编委会名单

主　　编　廖大凯

副 主 编　黄鑫　陈磊　屈璐

编写人员　程远东　王官燕　曾祥亮

　　　　　薛昌伟　贺于松　胡竹娅

　　　　　姚　波　肖兆飞　赖　斌

　　　　　文家雄

序

2021年4月，习近平总书记对职业教育工作作出了重要指示，强调在全面建设社会主义现代化国家新征程中，职业教育前途广阔、大有可为。作为与技能型社会形成最直接相关的教育类型，职业教育必须要在夯实基础、补齐短板、提升质量上下大功夫，从而肩负起培养更多高素质技术技能人才、能工巧匠的重大任务。

专业建设是区域职业教育质量高低的重要标志，是职业学校抓内涵、抓质量，上台阶、上水平的突破口和着力点，巩固和推进职业教育高质量发展，关键在于搞好专业建设。本书紧密围绕《国家职业教育改革实施方案》《职业教育提质培优行动计划（2020—2023年）》等系列国家政策文件中对专业建设提出的要求，在遵循职业教育发展规律的基础上，从理论和实践两个层面，对四川省中职专业建设经验进行总结提炼，构建了省域中等职业教育专业建设质量提升的四川模式。该模式基于对省域中等职业教育发展不均衡现状的分析，形成了"一盘棋+协同推进"的专业建设理念，全面统筹实施专业建设，从专业布局结构调整优化、专业建设目标定位、专业建设内涵发展及专业建设机制落地等方面优化顶层设计，带动全省中职学校在专业建设中转观念、明目标，形成协同发展、内涵发展、齐抓共管的建设意识，助力全省中等职业教育专业建设内涵发展、质量提升。

本书是四川省教育科学研究院示范（特色）专业项目建设团队研究的结晶，是对四川省"十三五"期间中等职业教育专业建设的经验总结，在理论研究上有创新，在实践探索上有突破。但受知识、能力、水平等因素的限制，书中难免有不足之处，敬请各位读者批评指正。

编 者

2022年4月

前　言

当前职业教育的发展处于提高质量、提升形象的关键期，专业建设作为职业教育发展的核心，是职业教育高质量发展的重要抓手。对于中等职业教育而言，专业建设质量提升是中等职业教育高质量发展的关键环节，是新时代中等职业教育改革发展的重要任务。

研究中职专业建设质量提升，必须立足于区域经济、文化的发展现状。从某种程度上来说，以国家制度改革来实现各个省市中职专业建设的跨越式发展并非易事且周期较长，因此，要想实现中职专业建设的跨越式发展，需要将改革范围缩小至省域层面，基于国家的相关要求，根据省域发展的实际需要，结合地方特色和学校资源，整体构建省域中职专业建设质量提升的模式，助力中等职业教育走特色化、内涵化发展之路。基于此，本研究聚焦省域中等职业教育专业建设质量提升模式这一关键问题，展开理论研究和实践探索。

理论研究部分，从省域中职专业建设的研究背景入手，围绕为什么研究、怎么研究、建设现状如何、应然选择是何、推动路径如何等作为逻辑线索展开研究。从省域中职专业建设的研究背景、中职专业建设的研究现状来回答为什么研究，明确研究的起点与走向；从核心概念阐释以及理论基础的搭建来回答怎么研究，为研究提供特定视野和研究框架；梳理中职专业建设的历史沿革、现状与问题来回答建设现状如何，为研究奠定现实基础；梳理国家以及各省（市）有关中职专业建设质量提升的政策文件来回答应然选择是何，为研究奠定制度基础；从四川省专业建设质量提升的目标遵循出发，构建"多维协同，差异均衡"的中等职业教育专业建设质量提升的四川模式来回答推动路径如何。

实践探索部分，从四川省中职专业建设质量提升模式的应用与成效出发，总结了四川省历时 5 年的中职学校专业建设改革实践，其中包含中职示范专业的建设实践、中职特色专业的建设实践以及中高职衔接的专业建设实践。整体来看，"多维协同，差异均衡"的中等职业教育专业建设质量提升的四川模式应用实践，打造了一批省内一流、国内知名中职品牌专业，优化了全省中职专业建设的布局结构，推动了全省专业建设基础能力和内涵质量不断提升，增强了中职专业服务地方经济社会和产业发展的能力。

"多维协同，差异均衡"的中等职业教育专业建设质量提升模式既能够"培优扶优"，发展省域以及全国品牌专业，又能够"扬峰填谷"，协同推进全省各区域专业建设，为全省提供更多更好的优质职教资源，为全国各地推动中等职业教育专业建设质量提升提供了参考范例和路径举措。

目　　录

理论篇

实践篇

理论篇

第一章

中职专业建设的研究缘起

职业教育与普通教育是两种不同教育类型，具有同等重要地位。随着我国经济社会发展进入新的阶段，产业升级、经济结构调整速度与日俱增，行业企业对高素质技术技能人才的需求显著增强，职业教育的地位和作用日益得到社会各界的认可。

当前职业教育的发展处于提高质量、提升形象的关键期。《中共中央关于制定国民经济和社会发展第十四个五年规划和二〇三五年远景目标的建议》中提出，"加大人力资本投入，增强职业技术教育适应性，深化职普融通、产教融合、校企合作，探索中国特色学徒制，大力培养技术技能人才。"习近平总书记在全国职业教育大会上更是对职业教育作出重要指示，强调在全面建设社会主义现代化国家新征程中，职业教育前途广阔、大有可为。新时代新使命，职业教育要在夯实基础、补齐短板、提升质量上下大功夫，以高质量的服务能力彰显职业教育的适应性，通过培养多层次的高质量技术技能人才，为促进经济社会持续发展和提高国家竞争力做出应有贡献。专业建设是职业教育发展的核心，促进职业教育的高质量发展，关键在于抓好、抓实专业建设。本章主要分析了省域中职专业建设的研究背景，探讨了省域中职专业建设的研究意义，并对中职专业建设的核心主题进行文献综述，明确研究的起点，明晰研究的思路。

第一节 研 究 背 景

当前，我国经济已由高速增长阶段转向高质量发展阶段，作为支撑经济发展的重要供给侧，职业教育须主动求变，以高质量发展适应经济转型需求。本节旨在厘清新发展阶段职业教育发展面临的新形势、新要求，明确省域中职教育大改革大发展的新使命、新任务，把握新时代省域中职教育专业建设的新内涵、新路径，以此论证省域中职教育专业建设质量提升模式架构的逻辑起点。

一、新时代职业教育发展的形势与要求

在我国经济社会发展已转向高质量发展的新阶段，职业教育要融入时代大势、契合发展趋势，立足自身已有的优势和特点，夯实高素质技能人才培养的基础性工程，为国家重大发展战略提供支撑。

（一）"大变局"对职业教育发展提出新要求

习近平总书记多次指出，"当今世界正经历百年未有之大变局"。一方面，国际格局和国际体系处在不断的调整变化中，世界经济中心在不断"自西向东"位移，新一轮科技革命和产业革命正在对世界局势产生深刻的影响。另一方面，当前我国已开启全面建设社会主义现代化强国的新征程，面对国际竞争、国内发展的新形势和人民群众的新要求，急需大批拔尖创新人才，需要数以亿计的高素质技能人才，把先进的技术设备转化为生产力。这样的"大变局"，对职业教育的发展也提出了新的要求，主要体现在两个方面。一方面是产业转型升级对技能人才培养规格和质量提出新的要求。随着人工智能的兴起和运用，产业智能化水平不断提升，产业结构出现高级化和融合发展趋势，调整职业教育层次结构和专业结构成为必然，进而对技术技能型人才的培养质量和培养规格也有了新的要求，要求在技能人才培养中必须及时融入高科技、新技术的教学内容，不断提升学生的技术技能水平和可持续发展能力。另一方面是由于经济社会快速发展，学历教育结构重心上移，扩大高等职业教育规模已成为刚需。从世界职业教育发展趋势来看，以高等职业教育为主将成为我国职业教育发展的方向和结果。推进现代职业教育高质量发展，必须适应层次结构重心上移的"大趋势"，加快推进劳动密集型产业向知识和技术密集型产业转型，助力制造强国、质量强国建设。

（二）"大发展"对职业教育专业结构的调整提出新要求

当前是职业教育提质培优、增值赋能的关键期，提高质量、改善形象是职业教育"大改革"集中攻克的核心任务。随着经济发展方式转变、产业转型升级和市场竞争的加剧，职业教育专业结构的调整优化日益成为职业教育有效服务产业结构转型升级的核心抓手。为增强"十四五"期间职业教育服务转型升级的创新要求，教育部印发了《职业教育专业目录（2021 年）》，在科学分析产业、职业、岗位、专业关系的基础上，对接现代产业体系，服务产业基础高级化、产业链现代化，统一采用专业大类、专业类、专业三级分类，一体化设计中等职业教育、高等职业教育专科、高等职业教育本科不同层次专业。[①]其中，高职专科专业调整幅度为 56.4%，中职专业调整幅度为 61.1%，重点服务制造业强国建设、破解"卡脖子"关键技术等，优化和加强了 5G、人工智能、大数据、云计算、物联网等领域相关专业设置，适应数字化转型、产业基础高级化趋势，从专业名称到内涵全面进行数字化改造。职业教育专业目录的调整变化为职业学校的专业建设提供了基本遵循，要求职业学校主动对照《职业教育专业目录（2021 年）》和专业简介等，结合行业企业调研和数据分析，科学研制、修订专业人才培养方案，主动对接产业结构转型升级需要，配齐配足专业课教师，并联合行业企业共同开发课程教材，将行业前沿技术等落细落

[①]　http://www.moe.gov.cn/jyb_xwfb/gzdt_gzdt/s5987/202103/t20210322_521664.html.

小，融入课程教材，校企联动深入推进教师、教材、教法改革，提高专业对接、支撑、服务产业的能力，增强职业教育适应性，提高职业教育的社会影响力。

（三）"大改革"对职业教育专业建设质量提升提出新要求

在全国职业教育大会上，习近平总书记、李克强总理分别作出了重要指示和批示，提出了加快构建现代职业教育体系的前进方向，明确了建设高水平、高层次的技术技能人才培养体系的行动目标，这要求职业教育要更加注重培养学生工匠精神和精益求精习惯，努力培养数以亿计的高素质技术技能人才，夯实学生高质量发展的基础，为全面建设社会主义现代化国家提供坚实的支撑。在增强职业教育适应性、促进职业教育高质量发展的进程中，专业建设的核心地位和基础作用越来越得到凸显，专业建设已成为职业学校的核心竞争力，成为一所职业学校和一个地区职业教育质量高低的重要标志，是职业学校抓内涵、抓质量，上台阶、上水平的突破口和着力点。然而，就目前职业学校的发展情况来看，多数学校的教育教学都还存在一些问题，如文化基础知识的教学是否符合专业实际的要求，教学模式是否符合技能人才培养的规律，专业技能培养是否以实践为主……这些问题关涉教学改革的更深层次，与人才培养有关，与教师素养有关，与实习实训有关，而这些问题都可以统一归属到专业建设这一关键环节。同时，专业建设是产教融合校企合作的桥梁与纽带。党的十九大报告提出"深化产教融合、校企合作"，具体落实这一要求，主要还是需要围绕专业建设来展开，主要体现在：专业与产业、职业岗位对接，需要根据产业发展和岗位需求来动态调整专业设置；专业课程内容与职业标准对接，需要根据产业转型升级对职业标准提出的新要求，将职业标准融入课程标准、课程内容的设计和实施中；教学过程与生产过程对接，需要强化工学结合，加强实习实训环节，培养符合产业标准的人才；学历证书与职业资格证书对接，需要提升人才培养的针对性和实效性；职业教育与终身学习对接，需要根据产业发展和技能型人才成长需要，拓宽继续学习渠道，为人才可持续发展提供支撑。总之，"五个对接"的实现与行业、企业的参与密不可分，必须通过专业发展来实现。

二、省域中职教育改革的机遇与挑战

新时代创新驱动发展战略、人才强国战略、就业优先战略等重大战略的实施，以及职业教育顶层设计不断完善，为省域中职的"大改革、大发展"带来了新的机遇。但省域中职教育在发展中尚存在着吸引力不足、教育教学质量不优、发展不平衡等问题，在一定程度上制约着省域中职教育的高质量发展。

（一）省域中职改革发展迎来新机遇

一是当前国家对职业教育的重视程度前所未有，现代职教体系建设的顶层设计逐渐完善。2019 年国务院印发的《国家职业教育改革实施方案》明确指出"职业教育与普通教育是两种不同的教育类型，具有同等重要地位"，这为新时期优化职业教育改革发展的系列部署提供了根本遵循。为贯彻落实职教改革实施方案有关精神，国家层面先后出台了《职业教育提质培优行动计划（2020—2023年）》《关于推动现代职业教育高质量发展的意见》等政策文件，从国家层面为职业教育的大改革大发展做好顶层设计。与此同时，省域层面积极响应，纷纷出台了省域层面的职业教育改革实施方案、职业教育提质培优行动计划以及深化产教融合的实施意见等系列政策文件，聚焦省域职业教育改革发展的重点难点，优化政策供给，支持改革的落地落实，促进职业教育实现"大发展"。

二是经济转型升级步伐加快，为省域中职改革发展增添了强劲动能。全国多个省域出台了制造强省相关行动计划，并优化"一二三"产业布局结构，实现经济结构的转型升级，打造特色的现代产业体系，为省域中职学校抓专业、提质量提供了良好的发展环境，为中职学校专业结构的调整、专业建设方向的转向、人才培养模式的创新等提供了指引，促进中职学校专业建设"大改革"。

三是区域联动为省域中职的改革发展集聚了合力。"一带一路"倡议、成渝地区双城经济圈建设及新一轮西部大开发的全面推进，区域间重大基础设施、重大产业、重大公共服务项目的战略合作增多，省域之间职业教育的交流合作愈发走深走实，中职教育的交流发展机会随之增多，通过取长补短、资源平台共享、跨区域合作探索的实践，为省域中职专业群的建构、人才培养模式的改革等提供了契机。

（二）省域中职改革发展面临的挑战

一是中等职业教育资源的总量、布局还不能适应产业发展、城镇化进程和人口结构变化的新需要。优质的中等职业教育资源总量不足，教育供给结构有待优化，人才培养体系尚不完善。

二是中等职业教育教学改革的广度、深度、力度还不够，中等职业学校在办学理念、专业设置、人才培养机制等方面不同程度地脱离社会实际，不能很好适应省域产业结构调整、转型升级和区域创新驱动发展的需要。

三是产教融合、校企合作、协同育人的机制尚待健全。校企合作中"校热企冷"的现象普遍存在，急需建立鼓励和吸引企业积极主动参与职业教育的机制和政策。

四是中等职业教育的社会认可度还不够高，一些地方对职业教育在解决民生、促进就业、服务产业、构建和谐社会等方面的地位和作用缺乏足够的认识，"重普轻职"的观念还普遍存在。

针对以上问题，省域中职教育迫切需要深化改革，激发中等职业教育创新发展的活力，在夯实基础、补齐短板、强化内涵建设及提质增效方面优化顶层设计、实施系统工程，大幅提升中等职业教育现代化水平和服务能力，建设职教强省。

三、省域中职专业建设的目标与任务

立足省域经济社会发展需求，应遵循"优化布局、错位发展、突出重点、服务产业"的原则，优化中等职业学校专业结构，聚焦专业建设包含的人才培养模式、课程教学改革、专业教学团队建设等内涵要素，提升专业建设水平。

（一）强管理促规范

要健全专业动态调整机制，规范专业建设管理。各级教育行政部门要主动加强与发改、人社、经信以及其他行业主管部门的沟通，及时把握本地经济建设和产业发展方向，及时发布专业设置预警信息，建立专业设置动态调整机制。全面落实市（州）教育部门对中职学校专业设置的统筹作用，教育主管部门要严格专业设置的审查程序，指导学校专业的申报、设置、撤销、合并、调整以及专业发展规划等工作，全面提升中等职业学校专业设置的质量和水平；各职教研究机构要建立由院校、行业、企业、研究机构和其他社会组织参与的专业建设指导委员会，按照教育与产业、学校与企业、专业与岗位相对接的原则，加强专业布局及设置研究，制定专业建设标准，帮助职业学校动态调整专业设置，把好专业建设第一关。

（二）调结构促优化

要对接产业发展需求，打造服务产业的专业群。要坚持紧密对接国家和省域经济发展战略，主动服务区域经济发展、就业需求、城镇化进程和职业教育发展实际的基本原则和思路，统筹规划区域内中职学校专业布局，特别是要围绕省域内经济区划以及地方产业带和产业集群，建设适应需求、特色鲜明、效益显著的专业群，形成区域间、校际互动协调、错位发展的专业新格局。各职业学校要结合自身优势，科学定位，紧贴市场、产业、职业设置专业；特别是要围绕"互联网+"行动、《中国制造2025》、乡村振兴及省域产业发展规划等要求，适应新技术、新模式、新业态发展实际，既要积极发展新兴产业相关专业，又要避免盲目建设、重复建设。

（三）重内涵谋发展

支撑职业教育提质培优行动计划的实施，省域中职学校的专业建设要坚持贯标、聚焦内涵、突出特色，在创新人才培养模式、深化课程教学改革、打造"双师型"教学团队等方面下真功夫。一方面坚持"扶优扶强、扶特扶需"的基本原则，协同推进全省中职专业走内涵式发展道路，促进质量整体提升，以示范/特色/重点等专业建设项目为主体抓手，聚焦专业建设相关要素，扎实开展内涵建设，输出可复制可推广的经验，辐射带动省域中职专业建设质量整体提升；另一方面以坚持标准引领、成果导向促进专业建设提质增效，以中央和省级资金撬动地方项目资金投入，并明确用于专业内涵建设的资金比例，引领全社会形成抓专业、抓内涵的良好氛围。

第二节　研究意义

中职教育能否高质量发展，中职学校能否体现办学特色，关键在于专业建设质量的高低。开展"省域中等职业教育专业建设质量提升"研究，能够厘清当前省域中职专业建设的现状与问题，探索中职专业建设质量提升实施路径，具有极强的理论和实践意义。本节立足对不均衡发展省域的省情分析，以协同理论和统筹理论为基础，分析架构一个有序、高效的省域中职专业建设质量提升模式，进而提升中等职业学校办学质量，助推省域中等职业教育高质量发展。

一、理论意义

专业建设质量是中职学校发展质量高低的首要表征，是决定中职学校发展方向与路径的关键因素，从这个层面上来讲，中职学校的专业建设是一项宏大的系统工程，而这一工程完成的速度与质量得以保证的前提则是科学合理的理论支撑。现有相关研究针对政策研究、个别具体专业建设的研究成果较多，如计算机、英语等专业，研究大多关注专业建设的某一个方面，没有系统从区域层面入手剖析专业建设存在的问题并基于相关理论研究提出解决路径。基于此，本书立足不均衡发展省情，尝试通过系统梳理省域中职专业建设现状，剖析存在的问题与困难，并依托协同理论和统筹理论，从目标系统、过程系统、支持系统出发，研究架构省域中职专业建设质量提升模式，以期能够为省域层面协同推进专业建设质量提升提供有益参考。主要理论意义有两个方面：

一是提出统分协同建设理念。聚焦差异均衡，基于省域中等职业教育发展不均衡现状，提出统与分的协同建设理念，形成了"一盘棋+协同推进"的专业建设基本思路，依托协同理论和统筹理论，在不均衡发展的省域中职教育专业建设实践中，统筹实施专业建设，从专业建设目标定位、专业布局结构调整优化、专业建设内涵发展及质量提升机制落地等方面优化顶层设计，谋定而后动，齐抓共管，带动全省中职学校在专业建设中转观念、明思路，形成抓内涵、提质量的专业建设理念与共识。

二是提出制度创新与系统保障协同建设路径。创新"政行企校研"多主体联动与"省、市、县、校"四级管理保障系统，构建整省推进、多主体参与、各部门联动的系统化保障机制。根据省域的战略部署，坚持"扶优扶强、扶特扶需"的根本原则，整体规划专业布局，尽力实现21个市（州）错位发展，重点布局优势、特色、紧缺专业，达到"依产业布专业，以专业促产业"的产教融合效果；创新"点上示范、线上引领、面上辐射"的专业标准落实机制与建设和诊改联动的评估机制，形成实施过程与评估过程动态交错的质量提升保障机制，最大化促进全省中职学校质量全面提升。

二、实践意义

通过开展省域中职专业建设质量提升模式研究，能够在省域层面为中职专业建设质量提升提供可借鉴、可操作的模式，一定程度上解决了省域专业建设"一刀切"、市（州）"各自为政"的认识问题，省域中职专业建设中布局结构不合理、与产业发展适应性不强的问题，中职学校专业建设内涵不清、标准不全的问题，全省统筹协同不足、联动乏力的问题。

一是根据四川省经济社会发展需求和产业发展趋势，从优化布局结构着手，输出系列专业设置分析报告，形成可操作性的布局结构优化路径，指导中职学校要围绕现代农业、先进制造业、现代服务业和战略性新兴产业发展需要，积极推进五大高端成长型产业和五大新兴先导型服务业，以及电子信息、装备制造等特色优势产业相关专业建设，优化全省专业布局结构，增强中职专业服务地方经济社会能力。

二是坚持重点突破与全面推进协同，对照标准体系提升专业建设实效性。着眼质量提升，坚持重点突破与全面推进，协同建设出标准、出范例。坚持省级统筹，以"对接国家基本标准，输出系列底线标准"作为省域中职学校专业建设的基本遵循；依据市（州）经济社会和产业发展需求，结合中职学校发展优势和现实诉求，制定系列"特色标准"，指导学校形成专业建设的个性方案，实现需求牵引与人才供给协同。

三是以建设省级示范（特色）专业为重点，扶持建设一批优势示范专业和特色专业，打造一批区域性中职品牌专业，提升服务经济社会发展能力。充分发挥省级示范（特色）专业示范引领作用，以特色化的办学思路和模式、规范化的专业管理、科学化的教学过程、市场化的校企合作机制、优质化的培养成效，为其他专业的良性发展提供样板化的参考，带动全省中等职业学校专业建设质量整体提升，进而推动中等职业学校加快人才培养模式改革，整体提升专业发展水平和服务经济社会能力，健全中职专业结构体系，提高教育教学质量，引领中职学校树立新的社会形象，增强吸引力。

历时5年的四川省中职学校专业建设改革研究与实践取得了明显成效，优化了专业布局结构，提升专业适应性，打造了系列示范（特色）品牌专业，较好地服务了区域社会经济发展，并为省域中职教育专业建设提供了参考范例。

第三节　文献综述

本节围绕"中职专业建设""中职示范（特色）专业"两个主题进行文献述评，总结当前相关研究的进展与不足，为寻求明确的研究方向打下学理支撑的基础。

一、国外相关研究

通过对国外关于职业教育的宏观理论研究、职业学校专业建设以及要素研究、职业学校专业建设实践运行模式及课程设置研究的文献进行梳理，总结其研究共性，主要涉及以下三个方面：

第一，依据职业分类进行专业划分。西方发达国家的专业划分大多是依赖于职业分类进行的，即学校根据职业分类进行专业设置，其中较为典型的有澳大利亚、加拿大、日本。澳大利亚职业教育的专业设置完全根据市场需要，根据全国行业组织对人才数量及能力要求的预测，由地方教育部门和行业组织审核确定开设专业。[①] 专业设置必须具备以下

---

① MALLEY J，KEATING J，ROBINSON L，et al. The quest for a working blueprint: vocational education and training in Australian secondary schools [J]. Adelaide: NCVER, 2001: 131.

条件：一是行业、企业需要的职业（专业）岗位；二是学生愿意学习的专业；三是学校有办这个专业的条件（师资、场所、设备等）；四是经过政府与行业机构从宏观布局等多方面论证。专业设置能够随市场需求变化而及时进行调整，实用性、专业性、市场性、灵活性是澳大利亚专业设置的主要特点。[①] 加拿大中职教育的专业设置充分考虑当地经济建设对于实用型人才的需求，并跟随社会经济发展形势做出相应的调整，其新专业的形成来源于潜在的人才需求，专业的教学内容则主要以培养一线人才的岗位技能为中心，按照理论与实践相互渗透的原则，充分合理地制定专业培养目标。[②] 日本职业高中的综合课程分类也依据当时社会的职业分类而定，随着"普高热、职高冷"，不少职教专业与课程被削减。以京都市为例：1983—1985 年废除 1 个农业专业和 6 个贸易专业，1990—1993 年废除 3 个家政专业、2 个商业专业，工业化学和商业专业各 1 个。与此同时，商业学校设置了会计、信息处理、分配经济、国际贸易等新专业，并配备了新的教学设施；渔业高中设有海洋生产、海洋技术、海洋统计等专业。[③]

第二，课程结构模块化。把教学内容、职业资格和就业岗位联系起来，实现证书、就业一体化，有效沟通普教、职教、成教的联系，实行课程结构模块化是澳大利亚职教办学机制日益灵活的重要体现。[④] 所谓课程结构模块，是指将从职校开始到 TAFE 学院的课程分为不同模块，这些模块形成一个体系。不同的专业有不同的结构模块，如机械专业有 24 个模块，建筑专业有 72 个模块。学完一个课程模块就取得一个学分，获得一份证书，对应不同的工作岗位。至于模块选择，澳大利亚在职教领域采取"用户选择"的政策，并相应推出"培训课程"改革措施。到 2000 年，澳大利亚产业中 85% 的行业都有培训课程相配套。美国俄亥俄州的课程设置主要依据所确定的职业能力（包含 8 个核心教学单元，其核心的内容已被雇主和不同类型的教学证书组织所确定）。为了确保每个学生都能学会与选择的职业领域里相关的职业知识与技能，并达到俄亥俄州的专业标准，每个职业技术专业都开发出符合专业标准的能力测试。[⑤]

第三，产业界与职业学校合作深度加强。产学合作教育形式最早产生于 19 世纪德国的中等职业教育领域，随着德国实践的影响力逐渐扩大，各国也逐渐开启了产学合作教育形式的实践探索。美国从 20 世纪初逐步开始了高职校企合作教育，英国在 1944 年提出用企业与职业教育机构合作的方式开展职业教育，而日本及苏联等国的产学合作教育计划从 20 世纪 50 年代后也开始付诸实践，可以看出产学合作教育已然成为发达国家职业教育的一种普遍认可的模式。[⑥] 由于各国经济、教育水平、观念等方面的差异，导致各国的产学合作教育在处理企业与学校的关系上表现出各自的特点，使产学合作教育呈现出两种不同

① 黄日强，邓志军. 当代澳大利亚职业教育的发展趋势 [J]. 河南职业技术师范学院学报，2002（3）：81-84.
② 耿直，对加拿大职业教育特点的研究与思考 [J]. 继续教育研究，2010（12）：55-56.
③ 王永志，刘媛媛 日本的职业技术教育 [J]. 吉林省经济管理干部学院学报，2008（12）：87-89.
④ 黄日强，邓志军. 当代澳大利亚职业教育的发展趋势 [J]. 河南职业技术师范学院学报，2002（3）：83.
⑤ 梁绿琦，王文槿，赵婉莹. 国外职业学校专业设置的比较研究 [J]. 中国职业技术教育，2001（6）：54-56.
⑥ 黄亮. 发达国家高职教育培养模式分析及对我国的启示 [J]. 无锡商业职业技术学院学报，2010（12）：48-51.

的模式。第一种模式以企业为主，其代表是德国的双元培训制、英国的工读交替式培训和日本的产学合作模式；第二种模式以学校教育为主，其代表是美国的合作教育计划和苏联的学校–基地企业培训计划。① 虽然两种模式各自有所侧重，但是它们的共同特点在于：都突出了企业在产学合作教育中的重要地位和作用。首先，企业是生产教学的实习基地，承担着实际职业基础知识和基本技能的培训任务，为实施产学合作教育提供人力、物力及财力保证。其次，企业也是对产学合作教育成果进行考核的评价者。② 判断产学合作的办学模式是否成功的关键是培养出来的学生能否适应企业的需要，得到企业的认可。学校在产学合作中承担着为学生提供实施普通基础教育培训场所的职能，通过传授职业基础知识，为在企业开展生产实习教学奠定理论基础。③

二、国内相关研究

目前，国内关于中职专业建设的研究可以分为两大部分：理论研究与实践研究。其中，关于中职专业建设的理论研究主要聚焦于专业建设的内涵及要求、专业建设的现状及问题、专业建设的原则与策略以及省域中职学校示范（特色）等项目建设层面；关于中职专业建设的实践研究主要聚焦于代表性省域中职专业建设的实践经验及成效层面。

（一）关于中职专业建设的理论研究

1. 关于中职专业建设内涵及要求的研究

学界对于中职专业建设的内涵研究集中在探讨回答专业建设建什么和专业建设怎么建的问题。基于对专业核心概念的厘清及系统要素的分析，普遍认为专业建设事关职业教育的全面、协调、高质量和可持续发展问题。④ 中职专业建设是一项系统工程。刘小平在《中等职业学校专业建设问题及对策研究中》指出，中职专业建设须具有以下几个要素：其一，劳动力市场需求分析和预测；其二，专业教学及课程设置，其中包括课程、人才培养方案、教学实施计划及教材等方面；其三，实习实训基地及实践教学体系建设；其四，师资队伍建设；其五，教学管理。市场需求分析和预测能体现职业学校专业建设的市场性，可以决定职业学校的持续发展。专业设置与教学能诠释"产学结合"的重要含义，实现培养目标对岗位需求的适应性。实践教学体系和基地建设是专业建设的基础，决定着教育对象对专业技能的掌握程度。师资队伍建设在专业建设中具有举足轻重的作用，是专业建设成败关键所在。教学管理是所有专业建设的保证，科学的管理才能让专业建设发挥真正作用。这五个要素之间相互关联、制约与促进，缺一不可。⑤ 黄东昱指出，厘清专业建

---

① 李振祥. 我国高职教育产学合作与国内外的比较研究 [J]. 浙江工商职业技术学院学报，2007（6）：25.
② 同①.
③ 同①：26.
④ 黄宏伟. 职业教育专业建设新论 [M]. 杭州：浙江大学出版社，2015：12.
⑤ 刘小平. 中等职业学校专业建设问题及对策研究 [D]. 成都：四川师范大学，2016：7-8.

设的内涵需重点关注：明确的建设目标和人才培养方案、高水平师资队伍、教学条件优良及课程教学改革契合需求。[①] 刘健在《论经济转型视角下中职学校专业建设的五个关系》中，提出了当前形势下中职学校专业建设应处理好的几大关系：学校自建与企业共建；传统专业建设与特色专业建设；专业建设的原则与专业建设的灵活性；中职学校专业建设的稳定与发展；专业建设的集中管理与分散管理。[②] 刘健认为，随着社会经济发展的不断转型，中等职业学校在专业建设方面需要不断调整，以突出特色，更好地应对社会人才需求的层次性和多样化。特色专业建设是当前中职学校专业建设的核心与亮点所在，中职学校依托特色专业建设可以挖掘到自身发展的特有宝藏。曲家惠、程秀莲对于中职学校特色专业建设的必要性、专业的特色提炼以及特色专业建设的内容与途径作了详尽的论述，提出做好专业建设、提升教学质量是中职学校发展的核心问题，审视专业建设中所遇到的困难和问题，以积极探寻专业建设的新路径，是中职学校发展的恒久动力。[③] 庄敏琦对于中职学校专业建设的新思考则体现在将 ISO 9000 质量管理体系引入了专业建设中，并采用 P-D-C-A 循环模式对专业进行持续改进，以此来提升专业建设的水平。[④] 徐国庆指出，要从科学确定专业的人才培养功能定位、改革课程内容教学方法、一体化设计中高等职业教育的专业设置与教学标准等方面强化专业建设，深化中职教育教学改革。[⑤]

2. 关于中职专业建设现状及问题的研究

对于专业建设现状的研究呈现出与职业教育改革发展新形势新要求相契合的特点，学者们主要关注专业设置、专业人才培养模式改革及校企深度合作等层面。对于中职学校的专业设置，相关研究内容主要集中在反映专业布局结构与区域经济社会发展、服务地方重点产业的支撑与服务上，依据、原则及动态调整是专业设置与布局的核心关注点。但目前在专业设置层面，还存在着不同程度的问题。李建求认为，中职学校在专业设置中出现了布局规划不够科学、新专业的开设没有严格的论证和市场调研等问题，在某种程度上带有随意性、粗放性和跟从性。[⑥] 刘伟提到，近年来中职学校在专业设置过程中因急功近利而导致的诸多问题，主要表现在：专业设置相对集中趋同现象明显，未能充分基于地方经济社会发展实际，专业特色不够鲜明。[⑦] 对于中职学校专业人才培养模式的研究，学者们多从具体专业视角出发，如汽车类专业、会计专业、茶叶生产与加工专业等，提出了改进优化专业人才培养模式的具体举措，对于提升专业人才培养质量有较强的指导意义。但在科学设计人才培养模式过程中，还存在着目标定位不明确，专业课程设置难以适应培养目标，专业教学团队建设亟待加强，专业品牌意识、特色意识淡薄，重硬件投入轻内涵发展等问题，这些问题在一定程度上制约了专业的内涵建设。在产教融合、校企合作共同推进

① 黄东昱. 论高职院校特色专业的内涵及其建设策略 [J]. 南昌高专学报, 2008, 23 (6)：149-151.
② 刘健. 论经济转型视角下中职学校专业建设的五个关系 [J]. 才智, 2012 (3)：268.
③ 曲家惠，程秀莲. 特色专业建设与课程体系创新 [J]. 长春理工大学学报 (高教版), 2010, 5 (3)：30-31.
④ 庄敏琦. 关于中职学校专业建设的新思考 [J]. 教育与职业, 2007 (12)：18-20.
⑤ 徐国庆. 中职教育的基础地位及新使命 [N]. 中国青年报, 2021-09-06.
⑥ 李建求. 论高职院校的专业建设 [J]. 高等教育研究, 2003 (4)：75-79.
⑦ 刘伟. 中职电子技术应用专业建设策略 [J]. 科学咨询 (科技·管理), 2017 (8)：117.

专业建设层面，王欢基于北京市 40 所职业学校产教融合的现状调查指出，北京市职业教育专业建设的产教融合程度处于产教结合、"还未融合"的过渡阶段，还表现出产教融合程度与专业建设效果成正相关等特征，同时还面临师资队伍是产教融合专业建设最薄弱的要素、产学研合作是企业参与度最低的专业建设要素等问题。需要搭建多样化产教融合专业建设平台，形成多渠道的教产资源转化机制；建立多赢驱动的合作动力机制，形成产教协同共进的发展格局；构建产教协同的技术创新和技术技能积累机制，提升产学研效果；建立产教融合专业建设标准体系，保证职业教育专业建设质量；健全产教融合专业建设配套保障制度，形成系统性的政策供给环境。[①]

3. 中职学校专业建设的原则与策略

兰敏在《中职学校专业设置与专业建设的思考》中一文中谈到，中职学校专业设置需要遵循科学性、适应性、效益性和发展性四大原则。[②] 在遵循此原则的基础上，她认为专业建设应从明确专业培养目标出发，将构建合理的课程体系作为建设核心，将师资队伍建设作为建设关键，将实训基地的建设水平作为专业建设提升能力的决定性因素。宣恩县中等职业技术学校的易继勇在《中等职业学校专业建设问题及策略》中也提出了加强中职专业建设的策略：加强政府统筹管理，规范专业设置；进一步优化教师结构，提高中职专业教学水平；进一步优化专业（课程）设计，提高专业目标定位的准确性；积极探索专业课程教学改革，提高中职学校专业教学水平；建立专业建设督导机制，促进中职专业建设品位的提升；"长短结合，软硬兼施"，增强专业设置适应性；强化专业精品意识，着力打造中职特色专业品牌；加强校企合作，提高中等职业学的办学实力。[③] 卢晓宁则针对从人力资源市场供求的现实状况，提出了中职专业建设的改善策略：开展技能型人才需求预测；加强专业统筹规划；深化与行业企业的合作；拓宽社会培训范围，提高专业服务能力。[④]

4. 关于中职专业建设研究的视角研究

现有的中职专业建设的理论研究主要从三个方面展开。一是以时代背景和经济发展需求的视角进行研究。如董祝元、温绍金认为，在经济转型视角下的专业建设要处理好五种关系：自律与共建的关系；集中与分散的关系；稳定与发展的关系；原则与灵活的关系；区内与区外的关系。[⑤] 宁钰茹以民族文化振兴为背景，以民族地区职业学校为主体，针对民族技艺融入专业建设，选取典型个案进行研究。[⑥] 二是以某一理论出发，构建中职专业建设的理论分析框架。如邵红蒙[⑦]、盖馥[⑧]从生命周期理论出发进行研究，指出将生命周

① 王欢. 产教融合背景下职业教育专业建设对策研究 [J]. 职业技术教育, 2020 (33): 47.
② 兰敏. 中职学校专业设置与专业建设的思考 [J]. 科学咨询, 2011 (12): 45-46.
③ 易继勇. 中等职业学校专业建设问题及策略 [J]. 科教导刊（上旬刊）, 2010 (11): 84-85.
④ 卢晓宁. 从人力资源市场供求分析中职教育的专业建设——基于浙江省的研究 [J]. 职教论坛, 2012 (9): 51-55.
⑤ 董祝元, 温绍金. 论经济转型视角下中职学校专业建设的五个关系 [J]. 中等职业教育（理论）, 2010 (11): 11-12.
⑥ 宁钰茹. 文化振兴下民族技艺融入民族地区职业学校专业建设的个案研究 [D]. 西南大学, 2020.
⑦ 邵红蒙. 生命周期视角下广西中等职业学校专业建设研究 [D]. 南宁：南宁师范大学, 2017.
⑧ 盖馥. 生命周期理论对高职院校专业建设管理的启示 [J]. 北京教育学院学报, 2014, 28 (4): 59-62.

期运用到专业建设管理中具有重要的作用，表现在：一是能够解决专业建设管理中存在的问题，二是能够克服先前专业建设管理模式的不足。林振昌、陈雯借鉴 OBE（基于"学习产出"）教育理念，以福建工业学校新能源汽车维修技术专业建设为个案开展中职专业建设策略研究。[①] 黄鑫以能力本位职业教育为理论基础，提出以"能力"为基点进行专业建设，能够增强学生的就业能力以及职业学校的社会适应能力。[②] 三是从中职专业建设的过程和要素角度进行研究。如周如俊、董政从专业建设过程角度提出专业建设策略包括"凝练育人理念、构建培养模式、开发课程体系、专业教学模式改革、革新评价模式、构建现代职教体系"。[③] 王鹤飞将校企合作的专业建设分为五个维度，即人才培养目标、课程设置、师资队伍建设、实训基地建设、评估体系建设。[④]

（二）关于省域中职学校专业建设项目的研究

1. 学界对于中职学校专业建设项目意义、内涵的研究

学者们对于省域中职学校专业建设相关项目的分析研究较多，主要聚焦于特定时期中职教育发展的重大项目，如示范建设项目、特色建设项目及重点建设项目等。王平、张强在论文中提出观点："示范性中职学校建设中校企合作是其重要发展方向，与企业开展专业共建是提高办学质量的关键。"[⑤] 孙俊台认为，要充分认识示范专业建设，求真务实推进示范专业建设的现实意义深刻，它是加快振兴职教事业的战略工程，是重塑重点职校形象的亮化工程。[⑥] 眭平、马万全指出："示范专业建设是一项有试点、有部署、目标明确、意义重大、任务艰巨的系统工程。"[⑦] 辽宁机电职业技术学院在总结示范专业建设经验时提出观点："示范专业建设要加强实践性教学环节，构建新的理论教学体系，科学衡量学生能力，培育技能型人才。[⑧] 蒋丽萍分析了无锡市示范专业建设经验，总结得出："统一思想，软硬并重，统筹规划，提高对加强示范专业建设的认识，全面提升示范专业建设水平。"[⑨] 李辉等指出，建设示范专业，转变教育思想、打破传统模式、整合教学内容是必经阶段。[⑩] 凌丽认为，职业学校创建示范专业应把握示范专业建设着眼于贴近学校实际，着眼于自身可持续发展，着眼于阶段性突破与长久性打造结合，着眼于硬件设备与软件资

---

① 林振昌，陈雯. OBE 理论视角下中职专业建设策略研究——以新能源汽车维修技术专业为例 [J]. 机械职业教育，2017（2）：14-18.

② 黄鑫. 能力与专业：中等职业学校专业建设研究 [D]. 重庆：西南大学，2013.

③ 周如俊，董政."六个对接"视角下中等职业学校专业建设的实践研究——以船舶制造与修理专业为例 [J]. 江苏教育研究，2014（24）：77-80.

④ 王鹤飞. 基于校企合作的中职汽修专业建设研究 [D]. 烟台：鲁东大学，2018.

⑤ 王平，张强. 基于"能力—专业"二维架构的专业教学资源库建设 [J]. 岳阳职业技术学院学报，2014，29（3）：64-67.

⑥ 孙俊台. 求真务实推进示范专业建设 [J]. 职教通讯，2003（7）：20-22.

⑦ 眭平，马万全. 加强示范专业建设 切实提高职业学校吸引力 [J]. 职教通讯，2020（7）：17-19.

⑧ 建设示范专业 培育技能人才 [J]. 中国职业技术教育，2004（1）：56.

⑨ 蒋丽萍. 示范引领促发展 以点带面共提升 [J]. 现代农业研究，2019（2）：87-88+86.

⑩ 李辉，徐志锋，孙奕芬，等. 推动校企对接，打造专业特色 [J]. 科技与企业，2015（7）：168.

源结合，着眼于抓住市场走向与保持学校特色结合这五个着眼点。[①] 杨世伟、许晓红提出，示范专业建设在专业设置、专业师资队伍和专业教学管理与改革方面应通盘考虑，要总结经验，不断完善。[②] 吕红萍、张国红在论文中认为，开展示范专业专题研究，以期达到专业建设和运作效益的最大化。[③] 曹宪周指出，在示范专业教学中，要适应社会和企业发展需要，满足学生职业生涯发展需求。[④] 张信和提出观点：示范专业建设的层次要适度，中职学校要找准定位。[⑤] 曾绍平、戴勇认为，示范专业在教学中实施一体化教学宜早不宜迟，规模上宜小不宜大。[⑥] 殷锋社、梅创社认为，示范专业建设应以培养学生职业能力为核心，推动优质核心课程建设。[⑦] 肖云林总结了宁波高等专科学校示范专业建设经验，提出：人才培养的目标、方案和途径模式形成了一个整体，对示范专业经验推广具有指导意义和实际价值。[⑧]

2. 省域中职专业建设项目实践经验梳理

近年来，我国各省（自治区、直辖市）贯彻落实国家层面有关政策文件要求，积极开展省级重点、骨干、特色、示范等专业建设实践，部分省域的实践情况如下。

广东省重点专业建设实践。 广东省深化职业教育教学改革，依据教育部有关文件精神，启动全省中等职业学校重点专业评审工作，结合实际情况，围绕专业定位、专业教学、师资队伍、教学资源以及办学质量等方面制定省级重点专业建设标准。在专业定位方面，专业方向正确，职教特色鲜明，符合本省、本地区产业结构调整和高新技术产业发展需要，就业前景及社会声誉好，在本地区、本行业同类学校中起示范、骨干作用。在专业教学方面，培养目标明确，对应岗位群清晰，课程设置合理，突出技能培养；教学管理严格，有完备的指导性教学文件及实施性教学计划，有健全的管理制度和专业教学组织，管理及教学手段先进，教学改革和教研成果显著。在师资队伍方面，有一支事业心强、团结协作、专业理论水平较高和专业实践能力较强的专业教师队伍；专业教师队伍建设有规划、有措施；专业教师总数与本专业学历教育在校生数之比为 1：25～1：35，其中本校在职教师 80% 以上；专业教师有本科以上学历的达 90% 以上，有中级以上职称的 60% 以上，"双师型"教师 50% 以上；聘请有本行业中、高级专业技术人员兼职任教；专业带头人有本科以上学历、本专业高级职称和高级职业资格证书，能胜任本专业两门以上专业课程的教学与实训，有较强的教研和专业实践能力；配备相适应的有实践经验的实习指导教师，

① 凌丽. 职业技术学校创建示范专业的"五个着眼点"[J]. 信息系统工程, 2010 (3)：115-116+114.
② 杨世伟, 许晓红. 公安类特色专业建设的反思与建构 [J]. 教育探索, 2013 (4)：67-68.
③ 吕红萍, 张国红. 金华市中职省级示范专业和实训基地运作的现状及对策 [J]. 职教论坛, 2009 (24)：37-41.
④ 曹宪周, 王明旭, 张海红, 等. 基于专创教科融合的过程装备与控制工程专业建设研究 [J]. 高教学刊, 2020 (6)：24-26.
⑤ 张信和. 示范专业建设促进电大教育品牌塑造的实践与探索 [J]. 广州广播电视大学学报, 2009, 9 (5)：41-44+109.
⑥ 曾绍平, 戴勇. 基于示范专业在教学实施中的探索与思考 [J]. 教育教学论坛, 2012 (S1)：166-167.
⑦ 殷锋社, 梅创社. 基于职业导向的计算机应用类专业探析 [J]. 科技信息, 2011 (5)：212-213.
⑧ 肖云林. 高职文秘专业国家标准的变迁及建设实效 [J]. 秘书之友, 2020 (4)：7-11.

实习指导教师有中级以上（含中级）技术职称或高级技能证的80%以上。在教学资源方面，有满足本专业课程要求的专业教室和实训室，实验、实训主要设备符合教育部重点建设专业设置标准的要求，现代化程度较高，在省内具有一定的先进性；实验、实训开出率达90%以上；有满足教学需要的专业图书，重点专业二、三年级学生人均占有专业图书15册以上，专业期刊10种以上；重点专业学历教育在校生规模300人以上。在办学质量方面，教学质量高，办学效益好；近两年毕业生获得本专业（第二产业类专业）相关职业资格证书的人数比例平均达90%以上（第一、三产业类专业平均达60%以上），一次就业率达95%以上。

湖南省职业院校示范性特色专业群建设。为进一步推进湖南省职业教育特色专业体系建设，加快构建与湖南优势特色产业和战略性新兴产业衔接的现代职业教育体系，湖南省启动了职业院校示范性特色专业群建设。从2014年起，3年内全省中职、高职各立项建设30个左右示范性特色专业群，并充分发挥其示范引领作用，带动全省职业院校专业建设水平整体提升，使之从"对接产业、服务产业"向"提升产业、引领产业"转变。以深度融合、差异发展、资源整合的原则，重点对专业结构优化调整、人才培养模式与课程体系改革、实践教学条件建设、教学团队建设、专业群发展机制建设、保障措施等方面进行建设。

江苏省职业教育专业标准建设。为贯彻落实国家、省中长期教育改革和发展规划纲要，提高职业教育办学质量，推进职业教育创新发展，增强职业教育服务能力，"十二五"期间江苏省组织实施了职业学校专业规范化、特色化、品牌化建设。到2015年，全省所有设置专业均达到合格水平，同时面向主导产业、支柱产业、特色产业以及战略性新兴产业，创建300个中等职业教育、100个五年制高等职业教育品牌专业，创建150个中等职业教育、50个五年制高等职业教育特色专业。根据经济社会发展的新形势和职业教育专业建设的新要求，委托江苏省教育科学研究院组织专家研究制定了《江苏省中等职业教育和五年制高等职业教育专业建设标准》，两类专业建设标准均设合格、特色、品牌三个标准。"合格专业建设标准"旨在强化职业学校专业设置和建设的规范化，是所有专业均应达到的基本要求。"特色专业建设标准"旨在引导职业学校创建与区域内特色产业、新兴产业或特种行业发展相适应的特色专业。"品牌专业建设标准"旨在引导职业学校创建通用性强，与区域内主导产业、支柱产业、战略新兴产业相适应，能够发挥示范作用的专业。

重庆市中等职业学校重点（特色）专业建设计划。为更好地服务重庆市五大功能区布局要求，在全市中等职业学校中支持建设一批重点（特色）专业，使其成为紧贴产业发展需求、校企深度融合、社会认可度高、就业好的品牌专业，推动中等职业学校改革创新体制机制，加快人才培养模式改革，整体提升专业发展水平和服务能力，健全与区域经济和产业发展匹配紧密、结构合理、覆盖广泛、特色鲜明的中等职业学校专业结构体系，提高中等职业学校教育教学质量。重点围绕构建专业建设机制、创新人才培养模式、建设精品课程、建设高素质教师队伍、深化校企合作、加强教学质量评估等方面进行建设。全市具有招生资质的全日制学历教育中等职业学校均可申报市级中等职业学校重点（特色）专业建设计划项目。市财政将安排专项补助资金用于支持重点（特色）专业建设项目，按照"一次确定、适时调整"的原则，对每个重点（特色）专业建设项目平均补助150万元，分2年到位。

通过以上综述可以发现，关于"中职学校专业建设"与"省级示范专业建设"的研究成果在数量和质量上都达到了一定的高度，已有研究成果对于本书的内容起着理论引导与支撑的作用，但还有进一步研究的空间。

一方面，有关研究内容多是从学校视角、从某一具体专业的视角出发去探讨如何提升专业建设质量。已有的许多研究成果较多针对不同的具体专业或者专业建设的某一方面，展开了各式各样旨在探讨中职学校专业建设的研究。从研究内容来看，学校某一具体专业的建设研究内容主要聚焦在专业定位、专业内部要素的整合、专业保障、专业评估等方面；从专业建设的某一方面进行研究，内容主要聚焦在师资队伍建设、校企合作、实习实训基地建设等方面。然而，中职学校的专业建设是一个有机统一体，就区域层面来看，专业建设包括专业布局、专业结构调整优化、重点特色专业的建设等，这就需要从中宏观层面对中职专业建设展开研究。

另一方面，有关中职学校专业建设的研究视角较为孤立，具有泛化趋势，缺少本源性的学理支撑。通过文献梳理可以发现，尽管"专业建设"作为当前中等职业学校发展研究领域内一个重点以及热点的名词和口号，越来越受到研究者的关注，但就现有的研究成果的分布来说，多是经验之谈，往往还仅仅局限于立足专业建设自身而研究专业建设的系列问题，虽然个别研究关注了省域中职专业建设现状及问题，但并不系统，对省域层面架构推动专业建设质量提升的范式或模式的研究还较少。换言之，正是因为缺少一种本源性的学理支撑，如理论奠基、模式建构等，才在一定程度上致使当前仍有诸多问题亟须厘清与澄明。

综上，本书在现有研究成果的基础上，立足对省域中职专业建设现状的分析，依托协同理论、统筹理论，从目标系统、过程系统、支持系统出发，构建了"多维协同、差异均衡"的省域中职专业建设质量提升模式，能够为省域层面推进专业建设质量提升提供策略与路径。

第二章

中职专业建设的理论基础

探讨中等职业教育专业建设质量提升的相关问题首先需要厘清核心概念与研究的理论基础。本章内容聚焦"中职专业建设"的核心概念,基于已有研究成果逐一进行阐释,明确研究的核心关注点。同时,对本书的两大理论基础——协同理论和统筹理论进行阐释,为研究的开展提供特定视野和概念框架,指导研究的方向与路径。

第一节　核心概念界定

本书的核心概念主要包括"专业""专业建设""专业建设质量""示范专业""特色专业"等核心概念,本节内容重在通过对以上概念的界定厘清研究的内涵、明确研究指向。

一、专业及专业建设

(一)专业

《辞海》对专业的表述为:"高等学校或中等专业学校根据社会分工需要而划分的学业门类"。[①]《实用教育大词典》对专业的表述为:"高等学校或中等专业学校根据社会分工、经济和社会发展需要以及学科发展和分类状况,而划分的学业门类"。[②] 在西方高等教育中,专业用 Profession 或 Speciality 来表示,指范围大小不同的专门领域。

目前,教育界对专业的解释是多种多样的。潘懋元对专业的表述为:"专业是课程的一种组织形式,课程的不同组合形成不同的专业"。[③] 对于职业教育来说,专业是教育部门根据劳动市场对从事各种社会职业的劳动者和专门人才的需要以及学校教育的可能性所提供的培养类型。姜大源认为,一方面,职业教育的专业不等于学科门类,不侧重于学科分类的学术性;另一方面,职业教育的专业也不等于社会职业,它与社会职业之间不是一一对应的关系。[④] 黄宏伟认为,专业是在学科分类和社会职业分工基础上,对专门知识、

① 辞海编辑委员会. 辞海(上册)[M]. 上海:上海辞书出版社,1999:2132.
② 王焕勋. 实用教育大词典 [M]. 北京:北京师范大学出版社,1995:853.
③ 周川. "专业"散论 [J]. 高等教育研究,1992(1):79.
④ 姜大源. 职业教育学研究新论 [M]. 北京:教育科学出版社,2007:55-56.

专业技能和职业伦理进行教学活动的基本组织形式,[①] 职业学校设置专业要强调技术性和职业性,注重对学生综合能力的培养,适应学生成长成才的需求,为经济社会发展所需的技术技能人才提供支撑。

在以上学者有关专业界定的基础上,本书对中职学校专业的界定是:专业是对接经济社会主要产业,在职业分工的基础上,以固定组织形式进行专业知识、专业技能、职业伦理及文化素养等的教学活动,专业的内在构成要素有专业培养目标、课程体系、教学模式、教学团队、教学条件等,它是连接经济社会发展需求与专门人才培养的核心抓手,是连接教育者与受教育者的基本载体。

(二) 专业建设

目前,关于专业建设内涵的界定可以归为两种观点:一种是"构成因素说",持这种观点的学者把专业建设理解成专业内相关因素的组合,"认为课程建设是专业建设的核心、师资队伍建设是专业建设的关键、实习实训基地建设是专业建设的保障";另一种是"目标—方式说",持这种观点的学者认为"专业建设包括专业布局规划、专业设置、培养目标定位、培养模式革新以及作为其后续工作的一系列评估、验收等多方面内容"。本书所研究的专业建设是以上两种观点的综合,即分别从区域层面与学校专业建设层面来论述专业建设。

从区域层面的专业建设来说,专业建设包括专业布局、专业结构调整优化及省域范围内促进专业建设质量提升的重点项目建设,如各类重点专业建设、示范专业建设、特色专业建设等。区域层面的专业建设旨在对整个区域进行专业规划、布局、设置,调结构、促优化、提质量、强特色是其目标指向。

从学校层面的专业建设来说,专业建设包括专业定位、专业内部要素的整合、专业保障、专业评估等程序,专业建设过程是合理统筹专业内部资源并对其进行整体的设计和调整的过程,具体包括专业设置与规模、专业人才培养模式、专业课程体系、教学团队、实习实训条件、质量保障等要素。专业设置与规模是专业建设的前提条件,其确立的基本依据与参考则是行业企业调研、区域生源情况、社会培训需求等。专业人才培养模式是专业建设的核心要素,具体要回答专业培养什么人、怎样培养人,是对专业教育教学全过程的顶层设计。专业课程与教学建设是专业建设的中心,具体包括常规管理、教学方案、课程体系、课程实施、课程评价、教学资源和教材建设等。[②] 专业教学团队包括专业带头人、师资结构、"双师型"教师、师资培养和教学研究等。实习实训条件包括服务专业技能学习的一切环境与制度建设、设施设备建设、校内外实习实训教学条件等。专业质量保障体系建设主要包括质量监控、双证获取率、就业质量和技能比赛等反映专业建设成效的系列

① 黄宏伟. 职业教育专业建设新论 [M]. 杭州:浙江大学出版社,2015:5.
② 彭朝晖,张俊青,杨筱玲. 职业教育适应性提升——职业院校专业建设特色化研究 [M]. 北京:北京理工大学出版社,2021:15.

要素，以及基于质量评价标准建立的专业教学与诊断改进制度。

二、专业建设质量

专业建设是职业学校人才培养质量的根本保证，是学校内涵发展的核心要素，是教学改革的关键切入点，是学校办学特色的集中体现，是深化产教融合校企合作的桥梁与纽带，是职业教育主动适应经济发展和产业升级的关键环节，事关职业学校的生存与发展。基于以上对专业建设的基本认识，本书认为，专业建设质量的内涵主要体现在以下要素的质量水平上。

一是专业布局结构调整的质量，即专业设置本身是否合理、专业能否跟随产业发展进行科学动态调整。其质量一方面体现在专业动态调整机制是否健全并切实发挥作用，学校专业结构对学校的特色发展及区域经济社会支撑的具体成效；另一方面体现在对进口、出口两头均不畅通的专业，是否形成了淘汰机制。

二是专业校企合作质量，即校企合作的深度与广度，其质量主要体现在"五个对接"的实现程度：专业与产业、职业岗位对接，需要根据产业发展和岗位需求来动态调整专业设置；专业课程内容与职业标准对接，需要根据产业转型升级对职业标准提出的新要求，将职业标准融入课程标准、课程内容的设计和实施中；教学过程与生产过程对接，需要强化工学结合，加强实习实训环节，培养符合产业标准的人才；学历证书与职业资格证书对接，需要提升人才培养的针对性和实效性；职业教育与终身学习对接，需要根据产业发展和技能型人才成长需要，拓宽继续学习渠道，为人才可持续发展提供支撑。

三是课程体系建设与课堂教学质量，即课程体系建设与教育教学改革落细落小，其质量主要体现在课程建设成效及"三教改革"推进成效：推动教学信息、资源与行业企业一线紧密对接的课程与课堂教学改革，建立行业企业资源引入教育教学过程的质量标准、改造流程和评价体系，真正使优质资源进入课堂，并深化课堂教学改革，切实提高课堂教学的含金量。

四是"双师"结构教师团队质量，即专业教学团队的"双师"素质与教育教学能力，其质量主要体现在教学团队的数量与质量，具体包括：专业带头人理念新、创新意识强，精通本专业教学业务和专业核心技能，具有跟踪产业发展趋势、把握专业改革发展方向的能力；"团队教练型"教学名师、专业带头人、中青年骨干教师培养有力；教师参与课程资源开发、教学改革实践、科研项目和竞赛活动等成绩显著。

五是实习实训教学条件建设质量，即实习实训基地装备水平高，实训环境优质高效，其质量主要体现在以下方面：建立与行业企业技术要求、工艺流程、管理规范、设备水平同步的实习实训装备标准体系；完善实训基地功能，具备承担省级以上技能大赛和高水平职业技能鉴定任务的能力；深化"引企入教"改革，通过场地、设备租赁等方式，引企驻校、引校进企、校企一体，合作共建共享生产性实训基地；加强虚拟仿真实训教学环境建设，推广数字化、虚拟仿真与增强现实等技术在实训设施设备中的应用等。

综上，专业建设质量要求专业建设各要素有序运转，聚焦专业内涵建设，将专业做强、做精、做出特色，输出专业品牌，提高人才培养质量。

三、示范专业与特色专业

"示范"，即做出可供别人学习的模范或典范，供相同相近主体学习借鉴。示范专业则是指在先进的职业教育改革理念和发展规律的基础上，适应省域经济和社会发展需求，适应产业结构调整以及相关行业、企业对技术技能人才的要求，在人才培养模式改革，教学团队、课程体系、教学设施建设，专业管理机制构建、质量效益等方面，达到同类专业一流水平，起到示范引领作用的专业。本书中的示范专业是指对接四川省优势产业、战略性新兴产业、高端成长型产业和新兴先导型服务业等重点产业发展需求，建设的一批适应需求、特色鲜明、办学水平高、就业质量好、服务能力强，特别在校企合作、工学结合、人才培养模式改革等方面成效显著，达到四川一流、国内有较大影响的省级示范专业。

"特色"是一事物相比其他事物所具有的独一无二的特征，专业的特色可以理解为其在人才培养目标、培养方案、培养模式、教学设施设备、课程体系、教材教法等方面所体现出的独特性。本书中的特色专业是指对接区域特色产业、现代农牧业、民族优秀传统文化和非物质文化遗产、乡村振兴等领域发展需求，专业人才培养特色明显，在区域范围内影响力和声誉较高的专业。

第二节　理论基础分析

理论基础是一项研究切入和创新的起点。对于省域中职专业建设研究而言，协同理论、统筹理论相关内涵的阐释为开展研究提供了基础指导与方向引领。本节重点对协同理论、统筹理论的基本概念、主要观点等进行阐释，并着重分析理论与该研究的适应性，分析其为何能够指导省域中职专业建设。

一、协同理论

由上述对专业建设相关研究的分析可知，一方面，省域中职专业建设要充分考量省域经济发展不平衡和职业教育不均衡的实际情况，确立全省统一的行动路径和基本标准，树立"全省一盘棋"的专业建设意识；另一方面，省域中职专业建设是一项涉及政行企校的系统工程，需要通过一系列协同行动，实现专业建设各内涵要素的协同发力，促进整体质量的提升。基于此，本书在协同理论的指导下，建构专业建设质量提升模式，为省域中职专业建设质量提升提供参考路径。

（一）协同理论的基本内涵

协同学（Synergetics）是由联邦德国斯图加特大学理论物理学教授赫尔曼·哈肯（Herman Haken）创立的，他于1977年发表了专著《协同学》，又在1983年发表了专著

《高等协同学》，均对协同理论进行了系统研究和阐释。早在 1969 年，他便从系统论的角度出发，指出在任何系统中，如果各个子系统之间能够彼此密切沟通交流、协调、共同协作形成一个有效的集体效应，各子系统之间就能产生 1+1>2 的整体协同效应，各系统的作用也能得到最大强度的发挥。① 基于此，哈肯教授首次创立了协同理论，该理论强调系统内各要素、各子系统自建协同联动，彼此配合，以达到各要素间的最佳配合状态，支撑整体最终取得最大的成效。协同学理论的研究是从序参量、自组织、支配原理及涨落等角度开展的。

（二）协同理论的关键概念

1. 序参量

在远离平衡态的开放系统由无序向有序转化的过程中，系统不同的参量在临界点处的行为大不相同。哈肯教授根据参数在临界点附近变化的快慢将参量分为两类："一类是阻尼大衰减快的快弛豫参量，另一类是临界无阻尼的慢弛豫参量。"②

2. 自组织

系统内部自身的组织在一定的外界条件下，通过各种形式的信息反馈控制和强化自组织结构，其相应的描述和分析方法称为自组织理论，它是协同学的核心理论；自发组织起来的系统的有序结构和功能是大量子系统之间相互竞争、相互合作，彼此联合一致、共同行动的结果；它是系统本身所固有的不断协调各子系统彼此间的关系以消除紊乱而同化为一个有机整体并向新的有序方向发展的内在组织能力。③

自组织发生的必要条件是：系统必须是开放系统，与外界不断进行物质、能量和信息交换；系统必须远离平衡态，其内部存在着物质能量分布的显著差异，不断进行着物质、能量的宏观转移和变换；系统内必须存在着非线性反馈的动力学机制。④

3. 支配原理

支配原理的运行依赖于两大变量，即快弛豫参量、慢弛豫参量。当外界的变化使系统达到某个临界点时，一个远离平衡态的开放系统的状态或结构就会失衡，随之其内部各子系统及其参量的分布情况就会发生剧烈的改变，形成快弛豫参量、慢弛豫参量两类不同性质的系统参量。慢弛豫参量的变化决定了系统的相变，快弛豫参量的变化与相变无关，但快弛豫参量本身的变化要受到少数慢弛豫参量的影响。在数学上，"为抓住在演化过程中起支配作用的慢弛豫参量，并忽略快弛豫参量变化对系统演化的影响，可以让快弛豫参量对时间的导数等于零，然后将得到的关系式代入其他方程，从而得到数量少的慢弛豫参量的演化方程——序参量方程。该处理过程就是支配原理。"⑤

① 赵子聪. 基于协同理论的产教融合工程人才培养模式建构与路径分析 [D]. 杭州：浙江大学，2021：16.
② 徐浩鸣. 混沌学与协同学在我国制造业产业组织的应用 [D]. 哈尔滨：哈尔滨工程大学，2002，10：10.
③ 赫尔曼·哈肯. 协同学 [M]. 徐锡申，陈式刚，陈雅深，等译. 北京：原子能出版社，1984：7.
④ 王贵友. 从混沌到有序——协同学简介 [M]. 武汉：湖北人民出版社，1987：31.
⑤ 舒辉. 集成化物流研究 [D]. 南昌：江西财经大学，2004：20.

4. 涨落

"涨落"的一般意义是指系统的宏观量对其平均值所作的随机的、微小的偏离；在协同学中，则是指针对系统整体状态的运动。在系统自组织过程中，由于控制变量的不断变化，一旦系统开始进入某个临界状态时，系统就会处于不稳定的状态，某种随机的微小的涨落可能通过协同效应而迅速放大，形成客观整体上的"巨涨落"，使系统由一种不稳定的状态跃迁到一种新的稳定的有序状态，形成新的有序结构。[①]

二、统筹理论

中国统筹理论最初主要用于统筹城乡发展上，旨在解决随着改革的深入城乡之间经济社会发展差距愈发增加的现实问题，即试图解决中国城乡的二元结构问题，在统筹城乡发展上学界有相对统一的研究认识。党的十六届三中全会审议通过的《中共中央关于完善社会主义市场经济体制若干问题的决定》提出的统筹城乡发展、统筹区域发展、统筹经济社会发展、统筹人与自然和谐发展、统筹国内发展和"对外开放"的新要求，揭示并指出了经济社会发展中要坚持统筹发展的道路，强调经济、社会和自然的协调发展。党的十七大以后，统筹的内涵与外延有了新的调整，更加关注统筹中央和地方关系，统筹个人利益和集体利益、局部利益和整体利益、当前利益和长远利益，统筹国内国际两个大局。

（一）统筹理论的基本内涵

何谓"统筹"？从表层含义来看，《现代汉语词典》的解释就是"统一筹划"；从深层含义来看，统筹实际上包括了一个过程的五个步骤，即统一筹测（预测）、统一筹划（计划）、统筹安排（实施）、统一运筹（指挥）和统筹兼顾（掌控）。[②] 下面具体从统筹城乡发展、统筹区域发展维度阐释。

统筹城乡发展主要包括统筹城乡规划建设、统筹城乡产业发展、统筹城乡管理制度及统筹城乡收入分配。统筹城乡规划建设，即在城乡经济社会发展的顶层设计阶段，统一纳入政府宏观规划，促进协调、联动、共同发展，包括城乡产业、用地、基础设施建设、资金投入等方面，旨在让农民享有城市基础设施建设成果。统筹城乡产业发展，即实现工业化与城市化的联动发展、互相促进，带动农村劳动力转向二、三产业，在城镇工业园区集中发展农村工业，促进农村人口向城镇集中，促进城市基础设施向农村延伸，促进城市社会服务事业向农村覆盖，促进城市文明向农村辐射，提升农村经济社会发展的水平。统筹城乡管理制度，即本着农民利益第一的原则，建立完善城乡一体的劳动力就业制度、户籍管理制度、教育制度、土地征用制度、社会保障制度等，让农民享有平等的发展机会和资源。统筹城乡收入分配，即调整国民收入分配结构，改变国民收入分配中的城市偏向，进一步完善农村税费改革，降低农业税负，创造条件尽快取消农业税，加大对"三农"的财

① 舒辉. 集成化物流研究 [D]. 南昌：江西财经大学，2004：21.
② 朱德全. 职业教育统筹发展论 [M]. 北京：科学出版社，2016：1.

政支持力度，加快农村公益事业建设。

统筹区域发展以促进区域经济协调发展为目标，通过促进区域间优势与积极性的发挥，逐步扭转区域间发展差距扩大的趋势。从全国总体来看，就是要基于东中西部的资源禀赋，坚持相互促进、共同发展的基本原则，促进地区优势的最大发挥，实现协调发展。一方面通过开展区域经济交流与合作，把东部地区的资金、技术、人才和信息优势与中西部地区的资源、市场和劳动力优势结合起来，形成优势互补、各具特色、协调发展的区域经济新格局；另一方面，要协调好地区内部的发展，有重点地推进区域内生产力空间布局和产业结构的优化升级，实现区域经济的高速增长，并按照社会主义市场经济体制的要求，有序合理推进三次产业的布局发展，全面推进各项社会事业的高效发展，实现经济社会协调发展。

（二）职业教育统筹发展的核心内涵

职业教育统筹发展是一项综合性社会变革，从形态上讲，应该包括城乡职业教育统筹发展、区域职业教育统筹发展、职业教育与其他教育类型（普通教育、成人教育）统筹发展、职业教育与经济社会统筹发展等。其中，城乡职业教育统筹发展是职业教育统筹的主要内容，职业教育与经济社会统筹发展则是核心内容。[①]

1. 职业教育统筹发展具有三重属性

一是职业教育统筹具有配套性，即职业教育统筹必须服务于经济社会发展，服务于城、乡的单元融合，而不能是简单地将城乡职业教育规模的增长变化与城乡职业教育的统筹发展相等同。[②] 二是职业教育统筹具有系统性，即职业教育统筹中要考虑多主体、多要素的现状与需求，需要从顶层设计到制度优化、从城乡到产教、从教育教学到实习实训及中高本的一体化设计等方面出发，坚持系统思维，统筹中强调各系统要素的协调配合、目标一致。三是职业教育统筹具有多样性，即职业教育是与经济社会发展关系最为密切的教育形式，因而在很大程度上受到经济社会发展水平，尤其是所在区域产业发展情况的影响较大，导致不同区域间职业教育在专业设置、产教融合、实习实训、就业升学等方面具有独特性，职业教育的统筹不能采用标准化的单一模式，要鼓励区域探索实践多样化的统筹模式。

2. 职业教育统筹发展的基本原则

朱德全教授的《职业教育发展统筹论》提出职业教育统筹要坚持五项基本原则。第一，职业教育统筹发展必须平民化、大众化。以"人人发展、发展人人"为根本出发点，实现人与人、人与自然、人与社会的和谐共处，"使无业者有业，使有业者乐业"。第二，职业教育统筹发展要联动化、特色化。职业教育要在与区域经济、区域文化乃至于区域社会的联动中面向社会，形成特色，从而更进一步符合社会需要。第三，职业教育统筹发展

---

① 朱德全. 职业教育统筹发展论 [M]. 北京：科学出版社，2016：2.

② 李涛，邬志辉，邓泽军. 中国统筹城乡教育综合改革：统筹什么？改革什么？——《国家中长期教育改革和发展规划纲要（2010—2020 年）》视域下的"城乡治理论"建构 [J]. 西南大学学报，2011（5）：122-130.

要面向企业。职业教育教学要面向生产、面向实践，大力发展现代学徒制，让学生走进实践、走进企业，具备及时生产力。第四，职业教育统筹发展要面向市场：一是农村经济与农村市场；二是城市经济与城市市场。要以服务社会主义现代化建设为宗旨，培养新型农民和新型高素质技术人才。第五，职业教育统筹发展要国际化、合作化。在全球化背景下，各国更加重视人力资源建设，大力发展职业教育，制定新一轮的国家技能战略，走向联合、走向合作、走向创新。[①]

三、理论的适应性分析

协同理论能够解决系统内各要素之间复杂的关系问题，其在物理学、化学、生物学及管理科学等领域得到广泛应用，并取得了重要的应用成果。在当下职业教育大改革大发展的新形势下，职业教育提质培优面临系列困难与挑战，作为职业学校核心抓手的专业建设，其质量的提升直接关系到职业教育整体质量水平的高低。对于省域中职专业建设来说，不同区域经济社会发展水平不一、职业教育发展质量差距较大，反映在专业建设上也存在诸多问题。如：在结构规模方面，如何促进中职专业布局有效服务支撑区域发展战略与主导产业发展；在内涵质量方面，课程、师资、教学如何协同提升质量，在社会环境方面政行企校如何协同营造良好建设环境、提供支撑保障等。为应对这些问题，提高省域中职专业建设整体质量，本书希望从协同理论出发，建立一个以"全省一盘棋+协同推进"为价值导向的省域专业建设理念，并协调解决省域层面中职专业建设面临的系列问题，促进专业建设提质增效。

统筹理论及职业教育统筹理论的相关学术研究成果对于促进省域中职专业建设质量提升的研究大有裨益，省域中职专业建设面临的发展形势与统筹理论产生的背景和拟解决的问题在很大程度上有类似之处。省域中职专业建设面临着城乡二元差异、区域经济发展水平差异、生源规模结构差异等困难与挑战，需要充分结合区域经济发展不平衡和职业教育发展不均衡的实际情况，把握"一刀切"与"切一刀"的辩证关系，基于统筹理论，确立协同推进的专业建设理念，实现专业建设的"统分结合"，"统"即坚持全省一盘棋的统一标准，"分"即兼顾成都职教发展"高峰"与其他地区职教发展"低谷"的差异，"扬峰填谷"协同推进，促进全省中职教育协调发展，实现质量整体提升。

---

① 朱德全. 职业教育统筹发展论 [M]. 北京：科学出版社，2016：3.

第三章

中职专业建设的历史沿革与现状

回顾中职专业建设历史发展，可以发现专业目录调整与修订是专业建设的依据和起点。因此，本章从中职专业建设的历史沿革出发，通过梳理全国专业设置与建设现状及四川省专业建设基本情况，找出中职专业建设存在的问题，为中职专业建设质量提升奠定现实基础。

第一节　中职专业建设的历史沿革

在一定时期内，国家对中职专业建设采取的一系列政策措施会引起中职专业建设质的变化，这种变化尤其突出反映在中职专业目录的调整和变化当中。因此，本节主要分析我国中职专业目录基本概况及特征，以掌握一定时期内我国中职专业建设的宏观发展趋势。

一、1993 版中职专业目录的修订

1993 年，国家颁布了《普通中等专业学校专业目录》（含专业目录、专业简介、新旧专业名称对照表），该目录的修订是由国务院各部委和部分省、自治区、直辖市教育行政部门，组织有关专家认真地进行调查研究、科学论证、草拟和审议后通过的，并以国家教育委员会的名义颁发实施。

从目录结构来看，目录呈现出科、类、专业三级。从目录内容来看，"科"共有工科、农科、林科、医药卫生科、财经科、管理科、政法科、艺术科和体育科等 9 科；"类"共有地质类、矿业类、冶金类、动力类、机械类、电气仪表类、电子类等 49 类；"专业"共有农作物、土壤肥料、园艺、植物保护等 518 个专业。总体来看，这是我国最后一次按学科设置中职专业目录。目录主要呈现两个特点：一是专业去行业化，如工业企业管理专业是由原邮电企业管理、煤炭企业管理、公路企业管理等专业合并设置；二是专业学科化，如社区医学专业是由原医士、皮肤科医士、眼科医士等专业合并设置。

二、2000 版中职专业目录的修订

2000 年，国家颁布了《中等职业学校专业目录（2000 版）》，目录分为农林类、资源与环境类、能源类、土木水利工程类、加工制造类、交通运输类、信息技术类、医药卫生类、商贸旅游类、财经类、文化艺术与体育类、社会公共事业类和其他类等 13 大类。

大类下面共分为 270 个专业，如农林类下面设置了种植、园艺、农艺等专业。

相比 1993 版的中职专业目录，2000 版专业目录也呈现出两个特点：一是专业结构有所变化，只包含类和专业；二是主要关注产业和职业，按产业和职业分类设置专业而不再是按学科设置专业。此外，为了顺利实施《中等职业学校专业目录（2000 版）》，促进中等职业教育更好地适应我国经济和社会发展的需要，进一步提高教育教学质量和办学效益，增强职业教育的活力和吸引力，国家专门颁布了《关于中等职业学校专业设置管理的原则意见》，就专业设置的原则、专业设置管理的职责分工、专业设置的审批权限进行了规定和规范。

三、2010 版中职专业目录的修订

2010 年，国家颁布了《中等职业学校专业目录（2010 年修订）》，目录分为农林牧渔类、资源环境类、能源与新能源类、土木水利类、加工制造类、石油化工类、轻纺食品类、交通运输类、信息技术类、医药卫生类、休闲保健类、财经商贸类、旅游服务类、文化艺术类、休闲与体育类、教育类、司法服务类、公共管理与服务类、其他等 19 个大类。大类之下按职业设置专业，共设置了农艺技术、设施农业生产技术、果蔬花卉生产技术等321 个专业。2019 年又在此基础上新增了 46 个专业。

相比 2000 版专业目录，2010 版专业目录结构与之保持一致，目录内容主要呈现三个特点：一是实现了中等职业教育改革创新，能够更好地支撑产业建设，服务经济社会发展，促进中等职业教育专业设置与职业岗位需求相吻合，指导中等职业学校科学合理地设置专业；二是强调服务于国家经济社会发展和科技进步，服务于行业企业人才需求和学生就业创业，服务于职业生涯发展和终身学习，重点发展面向现代农牧业、先进制造业特别是装备制造业、现代服务业和战略性新兴产业的专业，加强服务区域特色产业，尤其是民族文化艺术、民间工艺等领域的专业建设；三是强调五个对接，即专业与产业、企业、岗位对接，专业课程内容与职业标准对接，教学过程与生产过程对接，学历证书与职业资格证书对接，职业教育与终身学习对接，努力构建与产业结构、职业岗位对接的专业体系。

四、2021 版中职专业目录的修订

2021 年，国家颁布了《职业教育专业目录（2021 年）》，目录共设置了农林牧渔类、资源环境与安全大类、能源动力与材料大类、土木建筑大类、水利大类、装备制造大类、生物与化工大类、轻工纺织大类、食品药品与粮食大类、交通运输大类、电子与信息大类、医药卫生大类、财经商贸大类、旅游大类、文化艺术大类、新闻传播大类、教育与体育大类、公安与司法大类、公共管理与服务大类等 19 个专业大类，大类下面又设置农业类、林业类、畜牧业类和渔业类等 97 个专业类，类下面又分为种子生产技术、作物生产技术、园艺技术等 358 个专业。

与 2010 版中职专业目录相比，2021 年专业目录呈现出两个特点：一是全面贯彻了党和国家对职业教育高质量发展的决策部署，按照"十四五"国家经济社会发展和 2035 年远景目标对职业教育的要求，在科学分析产业、职业、岗位、专业关系基础上，对接现代

产业体系，服务产业基础高级化、产业链现代化，统一采用专业大类、专业类、专业三级分类；二是一体化设计中等职业教育、高等职业教育专科、高等职业教育本科不同层次专业，充分体现了专业升级和数字化改造理念，专业名称等体现了政治性、科学性和规范性的有机统一，形成了定位清晰、纵向贯通、横向融通的一体化专业目录体系，为中高本一体化培养和中高本衔接奠定了新基础。

第二节　中职专业建设的现状

专业建设是中等职业学校建设和发展的重要内容，更是培养适应地方经济社会发展人才需求的重要条件。本节系统总结、分析我国以及四川省中等职业学校专业建设的现状，为科学构建省域专业建设奠定基础和前提。①

一、我国中职专业建设的现状

（一）专业设置现状

2021年，全国共有中等职业学校7294所，中职专业大类19个，专业类88个和专业358个（见表3-2-1）。

表3-2-1　教育部中职专业目录统计（2021年）

专业大类	专业类	专业数
农林牧渔类	农业类	19个
	林业类	5个
	畜牧业类	4个
	渔业类	3个
资源环境与安全大类	资源勘查类	3个
	地质类	6个
	测绘地理信息类	4个
	石油与天然气类	4个
	煤炭类	5个
	金属与非金属矿类	1个
	气象类	1个
	环境保护类	3个
	安全类	4个

---

① 杨永年. 中等职业学校的专业建设现状、特点及其发展趋势 [J]. 中国职业技术教育，2016（2）：65-69.

专业大类	专业类	专业数
能源动力与材料大类	电力技术类	5个
	热能与发电工程类	5个
	新能源发电工程类	3个
	黑色金属材料类	2个
	有色金属材料类	2个
	建筑材料类	4个
土木建筑大类	建筑设计类	4个
	城乡规划与管理类	1个
	土建施工类	3个
	建筑设备类	3个
	建设工程管理类	2个
	市政工程类	3个
	房地产类	2个
水利大类	水文水资源类	1个
	水利工程与管理类	5个
	水利水电设备类	2个
	水土保持与水环境类	2个
装备制造大类	机械设计制造类	9个
	机电设备类	6个
	自动化类	7个
	船舶与海洋工程装备类	4个
	航空装备类	1个
	汽车制造类	3个
生物与化工大类	生物技术类	2个
	化工技术类	11个
轻工纺织大类	轻化工类	6个
	包装类	1个
	印刷类	1个
	纺织服装类	6个
食品药品与粮食大类	食品类	4个
	药品与医疗器械类	7个
	粮食类	2个

续表

专业大类	专业类	专业数
交通运输大类	铁道运输类	9个
	道路运输类	9个
	水上运输类	8个
	航空运输类	4个
	城市轨道交通类	4个
	邮政类	3个
电子与信息大类	电子信息类	6个
	计算机类	11个
	通信类	3个
	集成电路类	1个
医药卫生大类	护理类	1个
	药学类	1个
	中医药类	10个
	医学技术类	4个
	康复治疗类	2个
	公共卫生与卫生管理类	1个
	健康管理与促进类	3个
	眼视光类	1个
财经商贸大类	财政税务类	1个
	金融类	1个
	财务会计类	1个
	统计类	1个
	经济贸易类	2个
	工商管理类	3个
	电子商务类	5个
	物流类	4个
旅游大类	旅游类	6个
	餐饮类	3个
文化艺术大类	艺术设计类	12个
	表演艺术类	12个
	民族文化艺术类	6个
	文化服务类	3个

专业大类	专业类	专业数
新闻传播大类	新闻出版类	1个
	广播影视类	4个
教育与体育大类	教育类	1个
	语言类	9个
	体育类	3个
公安与司法大类	法律事务类	1个
	安全防范类	1个
公共管理与服务大类	公共事业类	3个
	公共管理类	5个
	公共服务类	5个
	文秘类	3个

由表3-2-1可知，19个专业大类分别是农林牧渔大类、资源环境与安全大类、能源动力与材料大类、土木建筑大类、水利大类、装备制造大类、生物与化工大类、轻工纺织大类、食品药品与粮食大类、交通运输大类、电子与信息大类、医药卫生大类、财经商贸大类、旅游大类、文化艺术大类、新闻传播大类、教育与体育大类、公安与司法大类、公共管理与服务大类。农林牧渔大类包括农业类、林业类、畜牧业类、渔业类4个专业类，共31个专业；资源环境与安全大类包括资源勘查类、地质类、测绘地理信息类、石油与天然气类、煤炭类、金属与非金属矿类、气象类、环境保护类、安全类9个专业类，共31个专业；能源动力与材料大类包括电力技术类、热能与发电工程类、新能源发电工程类、黑色金属材料类、有色金属材料类、建筑材料类6个专业类，共21个专业；土木建筑大类包括建筑设计类、城乡规划与管理类、土建施工类、建筑设备类、建设工程管理类、市政工程类、房地产类7个专业类，共18个专业；水利大类包括水文水资源类、水利工程与管理类、水利水电设备类、水土保持与水环境类4个专业类，共10个专业；装备制造大类包括机械设计制造类、机电设备类、自动化类、船舶与海洋工程装备类、航空装备类、汽车制造类6个专业类，共30个专业；生物与化工大类包括生物技术类、化工技术类2个专业类，共13个专业；轻工纺织大类包括轻化工类、包装类、印刷类、纺织服装类4个专业类，共14个专业；食品药品与粮食大类包括食品类、药品与医疗器械类、粮食3个专业类，共13个专业；交通运输大类包括铁道运输类、道路运输类、水上运输类、航空运输类、城市轨道交通类、邮政类6个专业类，共37个专业；电子与信息大类包括电子信息类、计算机类、通信类、集成电路类4个专业类，共21个专业；医药卫生大类包括护理类、药学类、中医药类、医学技术类、康复治疗类、公共卫生与卫生管理类、健康管理与促进类、眼视光类8个专业类，共23个专业；财经商贸类包括财政税务类、金融类、财务会计类、统计类、经济贸易类、工商管理类、电子商务类、物流类8个

专业类，共 18 个专业；旅游大类包括旅游类、餐饮类 2 个专业类，共 9 个专业；文化艺术大类包括艺术设计类、表演艺术类、民族文化艺术类、文化服务类 4 个专业类，共 33 个专业；新闻传播类包括新闻出版类、广播影视类 2 个专业类，共 5 个专业；教育与体育大类包括教育类、语言类、体育类 3 个专业类，共 13 个专业；公安与司法大类包括法律事务类、安全防范类 2 个专业类，共 2 个专业；公共管理与服务大类包括公共事业类、公共管理类、公共服务类、文秘类 4 个专业类，共 16 个专业。

（二）专业建设现状

2010 年，《中等职业学校专业目录（2010 年修订）》颁布后，国家随后颁布了专业简介。同时，为了进一步扩大中等职业学校专业设置自主权，规范和完善中等职业学校专业设置管理，引导中等职业学校依法自主设置专业，教育部制定了《中等职业学校专业设置管理办法（试行）》《中等职业学校专业目录外专业报表》。2013 年，教育部在天津召开职业教育部分专业教学标准开发试点工作汇报会，并对首批开发的 25 个专业教学标准进行了论证。2014 年 1 月，教育部办公厅公布了首批《中等职业学校专业教学标准（试行）》，涉及 14 个专业类的 95 个专业；2014 年 12 月，教育部办公厅公布了第二批《中等职业学校专业教学标准（试行）》，涉及 16 个专业类的 135 个专业。此外，国家 2019 年颁布了《职业院校专业人才培养方案制订与实施工作的指导意见》，为职业院校中职专业建设和实施专业人才培养提供了依据。

二、四川省中职专业建设的现状

近年来，在国家专业目录等政策文本的指导下，四川省中职学校不断优化专业结构，调整专业布局，专业设置更趋合理。为了进一步提升四川省中职专业建设的质量，有必要了解和掌握四川省中职专业建设的现状。

（一）专业设置基本情况

1. 专业大类布点情况

2020 年四川省具有中等职业学历教育招生资格学校 457 所，其中教育部门管理学校 368 所，开设专业 223 个，开办专业点 2 734 个，涵盖了中职 19 个专业大类（见表 3-2-2）。

表 3-2-2　四川省中职专业大类布点情况

专业大类名称	2017 年		2018 年		2019 年		2020 年	
	专业点数（个）	占比（%）	专业点数（个）	占比（%）	专业点数（个）	占比（%）	专业点数（个）	占比（%）
农林牧渔类	145	5.1	145	5.2	135	4.9	128	4.7
资源环境类	5	0.2	4	0.1	5	0.2	6	0.2
能源与新能源类	25	0.9	20	0.7	19	0.7	15	0.5

续表

专业大类名称	2017 年		2018 年		2019 年		2020 年	
	专业点数（个）	占比（%）	专业点数（个）	占比（%）	专业点数（个）	占比（%）	专业点数（个）	占比（%）
土木水利类	135	4.8	133	4.7	128	4.7	119	4.4
加工制造类	443	15.7	426	15.1	390	14.3	404	14.8
石油化工类	18	0.6	14	0.5	11	0.4	10	0.4
轻纺食品类	39	1.4	39	1.4	36	1.3	33	1.2
交通运输类	336	11.9	356	12.7	363	13.3	386	14.1
信息技术类	516	18.3	503	17.9	486	17.8	466	17.0
医药卫生类	118	4.2	121	4.3	121	4.4	119	4.4
休闲保健类	19	0.7	19	0.7	24	0.9	27	1.0
财经商贸类	293	10.4	294	10.5	284	10.4	267	9.8
旅游服务类	277	9.8	273	9.7	273	10.0	289	10.6
文化艺术类	195	6.9	194	6.9	195	7.1	192	7.0
体育与健身	28	1.0	31	1.1	34	1.2	36	1.3
教育类	134	4.8	133	4.7	131	4.8	132	4.8
司法服务类	3	0.1	3	0.1	3	0.1	3	0.1
公共管理与服务类	79	2.8	90	3.2	86	3.1	92	3.4
其他	13	0.5	14	0.5	12	0.4	10	0.4
合计	2 821		2 812		2 736		2 734	

由表 3-2-2 可知，2017 年、2018 年、2019 年、2020 年四川省中职专业点数排名前 5 的专业大类为信息技术类（516 个、503 个、486 个、466 个）、加工制造类（443 个、426 个、390 个、404 个）、交通运输类（336 个、356 个、363 个、386 个）、财经商贸类（293 个、294 个、284 个、267 个）和旅游服务类（277 个、273 个、273 个、289 个）；专业点排名后 6 的专业大类为能源与新能源类（25 个、20 个、19 个、15 个）、休闲保健类（19 个、19 个、24 个、27 个）、石油化工类（18 个、14 个、11 个、10 个）、其他（13 个、14 个、12 个、10 个）、资源环境类（5 个、4 个、5 个、6 个）、司法服务类（3 个、3 个、3 个、3 个）。2020 年，四川省排名前 5 的专业大类专业点数为 1 812 个，占全部专业点数的 66.25%；排名后 6 的专业大类专业点数为 71 个，占全部专业点数的 2.60%。

2. 专业布点情况

由表 3-2-3 可知，2017—2020 年，四川省专业点数排名前 20 的专业，其专业点数呈现逐年下降的趋势。其中连续 3 年专业点数超过 100 的专业有 6 个，分别是计算机应用（265 个、256 个、244 个、224 个）、汽车运用与维修（173 个、175 个、166 个、162 个）、旅游服务与管理（149 个、148 个、147 个、141 个）、学前教育（134 个、133 个、131 个、123 个）、电子技术应用（121 个、114 个、108 个、95 个）、数控技术应用（114 个、110 个、100 个、94 个）。2020 年，四川省专业点数排名前 20 的专业共计 1 656 个专业点，占全部专业点数的 60.55%；在全省 223 个专业、2 734 个专业点中，专业点数最多的专业为计算机应用，有 224 个专业点，占全部专业点数的 8.19%；全省专业点数超过 100 的专业有 4 个，比 2019 年少了 2 个；专业点数排名前 6 的专业，其专业点数为 839 个，比 2019 年少了 58 个，占全部专业点数的 50.66%。

表 3-2-3　四川省中职专业布点情况

序号	2017 年		2018 年		2019 年		2020 年	
	专业名称	专业点数	专业名称	专业点数	专业名称	专业点数	专业名称	专业点数
1	计算机应用	265	计算机应用	256	计算机应用	244	计算机应用	224
2	汽车运用与维修	173	汽车运用与维修	175	汽车运用与维修	166	汽车运用与维修	162
3	旅游服务与管理	149	旅游服务与管理	148	旅游服务与管理	147	旅游服务与管理	141
4	学前教育	134	学前教育	133	学前教育	131	学前教育	123
5	电子技术应用	121	电子技术应用	114	电子技术应用	108	电子商务	95
6	数控技术应用	114	数控技术应用	110	数控技术应用	100	电子技术应用	94
7	电子商务	90	电子商务	97	电子商务	97	数控技术应用	91
8	会计	94	会计	93	会计	90	会计	86
9	机械加工技术	92	机械加工技术	88	航空服务	81	航空服务	85
10	高星级饭店运营与管理	83	机电技术应用	79	机械加工技术	80	机械加工技术	78
11	机电技术应用	80	高星级饭店运营与管理	79	机电技术应用	74	机电技术应用	69
12	航空服务	65	航空服务	77	高星级饭店运营与管理	71	高星级饭店运营与管理	67
13	建筑工程施工	74	建筑工程施工	71	建筑工程施工	67	建筑工程施工	62
14	电子电器应用与维修	54	电子电器应用与维修	50	电子电器应用与维修	47	中餐烹饪与营养膳食	51
15	服装设计与工艺	55	服装设计与工艺	47	中餐烹饪与营养膳食	44	电子电器应用与维修	45
16	电子与信息技术	42	电子与信息技术	39	服装设计与工艺	43	服装设计与工艺	39
17	中餐烹饪与营养膳食	38	中餐烹饪与营养膳食	38	铁道运输管理	38	电子与信息技术	38

续表

序号	2017 年		2018 年		2019 年		2020 年	
	专业名称	专业点数	专业名称	专业点数	专业名称	专业点数	专业名称	专业点数
18	铁道运输管理	35	计算机平面设计	36	电子与信息技术	37	铁道运输管理	37
19	计算机平面设计	35	铁道运输管理	36	计算机平面设计	36	计算机平面设计	35
20	汽车制造与检修	33	汽车制造与检修	34	会计电算化	33	工业机器人技术应用	34
合计		1 826		1 800		1 734		1 656

（二）四川省中职专业建设基本情况

回顾四川省中职专业建设的历史进程可以发现，进入新世纪以来，四川省中职专业建设在不同发展阶段主要围绕四川省教育厅开展的省级重点专业建设以及省级示范（特色）专业建设两个项目展开，并取得了一定的成效。

1. 省级重点专业建设

2002 年，四川省教育厅开展了全省中等职业学校省级重点专业建设工作，并经学校自评，有关市（州）教育局、省级部门推荐，教育厅组织专家复评，于 2005 年认定了泸州树风职业高中电子电器应用与维护等 19 个专业点为第三批省级重点专业。2011 年，四川省教育厅为规范中等职业学校专业设置管理，根据教育部《中等职业学校专业设置管理办法（试行）》，制定了《四川省中等职业学校专业设置管理办法（试行）》，并要求各地、各校制定中等职业学校专业建设五年规划。2013 年，四川省教育厅为了进一步引导各地、各校针对区域经济发展的要求，调整开设与学校实际情况相符合、与区域经济社会发展相匹配的专业，开始对全省中职专业进行清理、网上备案，并连续 10 年发布具有招生资格的中职专业，进一步规范中职专业建设。

2. 省级示范（特色）专业建设

2018 年，为了进一步推进优质职教资源建设，提高中职学校办学水平和质量，四川省教育厅、四川省人力资源和社会保障厅、四川省财政厅联合发布了关于实施中等职业教育质量提升工程的通知，决定用 3 年时间支持建设 100 个具有行业示范引领、就业优势明显、发展潜力巨大的示范专业，以推动全省中等职业学校专业建设水平整体提升。

截至 2019 年，全省共立项省级示范（特色）专业 100 个，覆盖 15 个专业大类。就专业类别来看，示范专业 85 个，特色专业 15 个；就专业所涉产业来看，第一产业类专业点 13 个，第二产业类专业点 27 个，第三产业类专业点 60 个（见表 3-2-4）；就所在区域来看，共覆盖 21 个市（州）、24 个贫困县；就学校类别来看，涉及农村职业学校 39 所，民办学校 8 所。

表3-2-4 四川省"中等职业学校示范特色"专业统计情况

产业类别	专业大类	专业	分布地区
第一产业	农林牧渔类	畜牧兽医	巴中、甘孜、凉山、泸州
		现代农艺技术	遂宁、广元（2个）、巴中
		农村经济综合管理	达州、雅安
		木材加工（竹编）	眉山
		茶叶生产与加工	雅安
	轻纺食品类	食品生物工艺	成都
第二产业	加工制造类	机械加工技术	内江、成都（2个）、广安、达州、乐山、广元
		电气自动化设备安装与维修	德阳、成都
		机电设备安装与维修	攀枝花
		数控技术应用	宜宾、绵阳
		机电技术应用	达州、遂宁
		焊接技术应用	攀枝花
		工业机器人应用与维修	成都
	土木水利类	建筑测量	广元
		建筑工程施工	泸州、自贡、成都（2个）、攀枝花
	交通运输类	公路施工与养护	成都
		冷作钣金加工	攀枝花
	石油化工类	化学工艺（盐化工方向）	自贡
		机械设备装配与自动控制	绵阳
		机电一体化技术	眉山
第三产业	交通运输类	汽车运用与维修	成都、宜宾（2个）、遂宁、广安
		汽车维修	遂宁
		航空服务	成都
		铁道运输管理	南充
	文化艺术类	服装设计与工艺	广元、凉山、南充
		民族音乐与舞蹈（羌族文化）	绵阳
	公共管理与服务类	产品质量监督检验	乐山
		社区公共事务管理	成都
	医药卫生类	护理	成都、广元
		医学检验技术	南充
		中医康复保健	内江、成都
		藏医医疗与藏药	阿坝州

续表

产业类别	专业大类	专业	分布地区
第三产业	财经商贸类	电子商务	德阳、资阳、泸州、达州、内江
		会计	南充、自贡
		物流服务与管理	宜宾、广安
	信息技术类	计算机平面设计	泸州、自贡、德阳
		计算机应用	乐山、成都、雅安
		电子技术应用	成都、宜宾、眉山
		数字媒体技术应用	成都
	旅游服务类	旅游服务与管理	宜宾、广安、德阳、巴中、绵阳
		高星级饭店运营与管理	巴中、成都（3个）
		烹饪	成都
		中餐烹饪与营养膳食	泸州、成都（2个）、攀枝花、绵阳
	教育类	学前教育	南充、成都、巴中
	休闲保健类	美容美发与造型	成都
	轻纺食品类	服装制作与生产管理	自贡
	其他	档案管理	雅安

第三节 中职专业建设的问题分析

专业建设是中职学校主动适应当地经济社会发展与满足企业用人需要的重要举措，是中职学校办学质量与办学特色的集中体现，亦是中职学校生命力强弱的决定性因素。当前各中职学校通过灵活调整专业设置、变更课程与教材体系、改善教学设施与实训设施以及深化校企合作等手段，促进专业与市场实现良好的对接，取得了一定的成效。然而，由于区域经济发展及学校办学实况等系列复杂因素的影响，中职专业建设还存在一些不容忽视的问题。本节在分析中职学校在专业设置、课程与教材体系建设、师资配备及教学设施与实训基地建设等方面存在的问题的基础上，进一步深挖导致这些问题的原因。

一、中职专业建设存在的主要问题

中职学校的专业设置应综合考虑区域的资源优势、经济产业结构以及市场的人力资源需求等因素，以此确定学校应该开设什么样的新专业以及如何调整已有的专业布局。目前，中职学校专业布局调整滞后，未能及时更新，专业设置存在不合理的情况。

（一）专业设置同质化现象明显

1. 学校专业设置存在随意性和盲目性

部分中职学校专业设置的过程中忽略其自身的办学现状与宗旨，一味增加专业数量，仅重视专业的广度，而放弃了专业的宽度和可持续性发展。甚至有些学校为取得与其他中职学校竞争的胜利，只考虑招生数量而无暇顾及人才培养质量，片面追求市场需求，盲目增加热门专业，呈现重复、低水平的无序竞争，不仅严重制约了优势专业的发展，还造成学校的专业结构失衡，导致资金和资源的过度浪费，最终严重影响中职学校专业设置的合理性。这种贪多求全、迎合招生口味的现象，使专业结构同质化现象严重，市场需求供过于求，呈现恶性循环的就业难情况。

2. 专业设置与区域产业发展对接不够

受办学条件的限制，部分学校盲目扩大办学成本较低的第三产业相关专业，而不愿意开设办学成本高、专业教师匮乏的第一产业、第二产业的相关专业。目前第三产业的相关专业设置比例过高，特别是幼儿保育、信息技术、交通运输等专业规模过大，呈现出供大于求的现象；相反与第二产业紧密相关的轻工业、新能源等专业设置不够，与第一产业相关的休闲农业、观光农业、特色养殖业等专业发展相对缓慢，专业人才匮乏，导致专业设置呈现出"一产寡、二产少、三产肿"的不均衡局面，无法适应区域产业发展的需要。

3. 中职专业设置与市场需求契合度不高

部分中职学校缺乏专业设置的前瞻性，专业设置前未对潜在市场进行调研，没有分析市场的真实需求和发展方向，专业定位和人才培养目标模糊。此外，盲目根据当前市场需要，增加相关专业的招生规模，加之缺乏专业的细化，只是按照统一的规格培养学生，这种整齐划一的人才培养模式导致该类专业短时间内容易出现人才饱和现象。加之部分中职学校未能及时根据市场需求，对现有专业进行更新或调整，导致在加工制造类中基本上是机械制造、数控技术等传统制造类专业，在航空燃机等先进科技方面很少涉及。

（二）专业培养目标定位欠明确

1. 同类专业培养目标不统一

专业的划分需要确定不同专业的界限，也就是各个专业的人才培养目标应该有所侧重。部分中职学校在专业设置与调整过程中，存在专业培养目标相同名称不同，以及名称相同专业培养目标不同的现象。如物流管理、现代物流管理、物流配送营运与管理等，它们的专业培养目标相同，却因为专业名称不同，导致社会和学生对专业的理解和界定存在偏差。还有个别中职学校，虽然专业名称相同，但人才培养方案各不相同，人才培养目标大相径庭，课程体系的安排、教学内容的选取更是截然不同，不仅与市场需要的人才脱节，还给用人单位人才招聘造成了误解。

2. 专业培养目标与职业契合度不高

部分中职学校没有通过市场调研和科学论证分析，就简单地制定了专业培养目标，市场需求数据的缺失导致对专业所对应的相应职业岗位以及岗位要求学生所掌握的基本能力缺乏清晰的了解，造成专业培养目标与职业岗位需求脱轨，学生动手操作能力差，毕业后对工作岗位陌生，与社会工作需求脱节，无法顺利适应社会的生产和生活。加之对培养目标的表述不够具体，比较宽泛笼统，甚至存在中职专业目标设置和高职专业设置目标重叠的现象，导致中高职教育不能有效衔接，课程设置重复、资源浪费的局面严重影响了学生的上升空间。

3. 学校专业培养目标定位太高

部分中职学校在制定专业培养目标时往往没有从学校办学以及学生实际情况出发，忽略了受教育者的素质、知识及接受能力，在师资培养及设备设施更新换代方面相对滞后，导致专业培养目标定位太高，流于表面，形同虚设。总体而言，专业培养目标定位过高直接导致学校教师的教、学生的学与社会及岗位具体需求相脱节，教师不好教、学生学不懂、岗位不好用的现象严重影响学校所培养人才的社会接受度及认可度。

（三）专业课程改革针对性不强

1. 课程设置与职业需求对接不足

目前多数中职院校课程设置时，缺乏对行业的认知，企业参与度较低，忽视了系统认知环节，片面考虑师资结构，简单询问企业意见进行课程设置，未能有效对接行业企业对人才知识和技能的需求，与职业标准和专业技能标准等衔接不足，导致传统的理论性课程偏多，教学内容偏旧、杂、难。然而中职学生的基础知识比较薄弱，学习习惯较差，对抽象的理论知识有天生的"免疫"意识，造成他们在实际工作中知识与能力结构脱节，实际动手能力较差。

2. 课程教学与工作过程对接不足

中职教师主要是从应届毕业生直接应聘到学校，动手操作能力相对较弱，与企业对新技术、新工艺的要求差距明显。虽然多数中职学校对教师的技术技能进行了专门的培养与提升，但由于自身能力的局限和实验实训场所的不足，教师在开展课程教学时，仍然以理论知识讲授为主，以技术技能实训为辅，理论教学课时占比较高，未能将企业的实际工作过程转化为典型工作任务进行教学，造成教学内容与实际工作"两张皮"的现象，导致学生缺乏真实情景感受，动手操作能力较弱。

3. 专业课程内容体系缺乏整体性

中职学校制定人才培养方案时，缺乏对课程内容体系的有效论证，对于课程内容体系的整体性及课程在人才培养中的角色定位不清晰，对课程在学生综合职业能力提升中的作用认识理解不充分；课程设置贪多贪全，部分学校存在持有"多一门专业课，学生就多一个就业岗位"的理念，导致专业课程门数较多，内容杂乱，缺乏系统性，课程之间内容重叠现象严重。个别中职学校未能有效把握课程的难易程度，将高职院校甚至本科院校才开设的部分课程提前植入中职课程体系，超出学生的接受能力，从而导致学生技能泛而不精，缺乏职业特色。

（四）师资队伍整体水平不高

1. 专业教师技术技能水平不高

中职学校缺乏专业教师选聘自主权，专业教师的录用主要采用政府部门组织的公招、考调等形式，有报考资格的毕业生主要毕业于师范院校，仅能满足文化基础课教学，不能胜任中职学校专业课教学任务。相反，具有扎实技术技能基础的相关专业技术人员因无教师资格证，不具备报考资格，无法进入中职学校。此外，有丰富生产实践经验的企业技术人员、能工巧匠因学历不达标或学校待遇与企业差异大等原因也很难充实到中职学校教师队伍中。单一的师资引进渠道导致专业教师水平不高，难以满足中职学校培养技术技能人才的需求。

2. 教师培养专业化水平不高

中职专业教师平时授课任务重，假期招生任务重，参与培训机会少，无暇提升自身专业技能水平，加之校企合作呈现"学校热、企业冷"的壁炉效应，企业因教师进行生产实践会影响其正常生产效益等原因而拒绝接受教师实践，教师到企业实践要求未能得到满足，缺乏在真实生产车间工作的相关经验，致使教师专业化水平不高，难以满足当前中等职业学校专业教学改革的实际需求。

3. "双师型"教师质量不高

由于目前尚未出台统一的"双师型"教师认定标准和认定办法，各地各校"双师型"教师认定标准不一，对于教师能力的考察过分侧重职称学历，对教师的能力考察不到位，进而导致部分学校"双师型"教师队伍质量不高。此外，认证标准缺乏多元化主体参与，职业教育认证标准以及"双师型"教师认证标准的制定与实施主体大多是本领域的专家学者和部分教育行政部门人员，缺少教师、行业企业一线人员的参与，导致"双师型"教师资格认证标准及认证结果缺乏科学规范性、公正性。

二、中职专业建设主要问题的原因分析

（一）中职专业建设理念不清、认识不全

目前专业设置过程和建设过程中，由于多种因素的影响，仍存在关注统一标准，未根据区域实际发展情况因地制宜、精准施策的认识现象，因此在专业建设过程中存在"一刀切"的问题。各地市对中职学校专业设置拥有较大的自主权，对新申报的专业流程比较简化且缺乏与其他各地市专业申报交流机制，导致专业建设过程中存在各地市自主统筹的"各自为政"局面，部分中职学校专业建设存在贪多求全，迎合招生口味的现象，对专业

设置、专业调整和专业整合工作重视不够，未客观反映社会发展和产业发展需要，学校亦失去了自身办学特色，专业同质化现象严重，校际出现无序竞争，内耗现象严重。

（二）中职专业建设内涵不清、标准不全

中职学校专业建设由于缺乏相应经验，导致在专业建设过程中不能准确提取专业建设的核心要素，无法明确专业的真实定位，致使专业建设存在内涵要素不清、方向不明的问题。此外，中职学校在专业建设过程中，只是盲目地建设，而未能对接国家、省级有关标准，更不能有效对接产业链、技术链、人才链的需求，缺乏切合学校实际的专业建设标准，导致专业建设缺乏科学性、合理性和系统性。

（三）中职专业建设统筹不足、落地梗阻

从理论层面，专业建设需要"政行企校研"多主体参与，但在实际操作中，仍是各干各的，存在各部门间"孤岛式参与"壁垒，"政行企校研"协同推进的局面并未真正实现。虽然通过构建"省、市、县、校"四级管理保障机制，打破了过分强调"地方主责、学校落实"的传统推进模式，但各方齐抓共管的推进路径并未落实，经常由于学校不知晓或理解不到位，好的政策在学校具体实施过程中，存在"最后一公里"的落地梗阻。尤其是长期以来中职教育经费总体投入不足，在实训基地建设、产教融合平台建设、师资团队建设等方面投入不够，学校硬件设施设备更新滞后；部分中职学校在资金使用时，过分看重硬件投入，注重投入了多少资金、场地和实训设备等，但投入方向不清晰，盲目上项目、进设备、扩场地，很多设备利用率不高，有些设备甚至成了摆设，资源浪费现象严重，对于教学资源建设、教师培养培训、教学科研、课题研究、教师福利等软件投入没有给予必要的重视，专业建设后劲乏力，严重影响学校的长远发展。

（四）中职专业建设师资队伍引进渠道单一、培训不够

中职学校教师校企双向流动存在制度障碍。据调研，中职学校专业课教师每年参加企业实践不足 1 个月的占比高达 81.56%。中职学校自主招聘兼职教师制度不健全，阻碍了企业工程技术人员、高技能人才和中职学校教师的双向流动。教师参加国家和省级培训机会偏少，质量参差不齐。据调研，60.58% 的教师认为培训机会太少，民办学校 3 年参加县级以上规范性培训 5 次以上的仅占 9.61%。各类专业课教师培训存在不均衡，26.73% 的教师认为存在不同层次培训重复，54.84% 的教师认为培训缺乏针对性和实效性。此外，由于尚未出台统一的"双师型"教师认定标准，导致各地各校"双师型"教师认定标准不一，报送的"双师型"教师数量缺乏真实性，"双师型"教师的培育培训也缺乏科学依据和路径。

第四章
中职专业建设质量提升的政策依据与应然选择

中等职业教育作为一类准公共产品，其运转将受到一系列公共政策的影响，专业建设作为连接中等职业学校教育与外部社会需求的桥梁①，其专业建设质量提升也必将受到一系列教育政策的制约与影响。本章通过梳理国家以及各省（自治区、直辖市）颁布的有关中职专业建设质量提升的政策依据，厘清当前中职专业建设质量提升的要求、内涵，为新时代中职专业建设质量提升模式的构建奠定制度基础。

第一节　我国中职专业建设质量提升的制度逻辑

专业建设是新时代职业教育领域的重要改革抓手，国家出台了系列相关政策，形成了较为完善的专业建设的政策体系。这些政策的颁布体现了宏观领域对专业建设的总体把控，决定了中等职业教育人才培养的顶层设计和根本走向。进入新时代以来，我国中等职业教育的发展进入了质量提升时期，② 尤其是 2010 年 1 000 所示范性中等职业学校建设，意味着我国职业教育进入内涵发展及质量提升阶段，③ 中等职业教育的专业建设也随之进入内涵发展、质量提升阶段。本节通过梳理、总结国家颁布的系列关于中职专业建设质量提升的政策，明确中职专业建设质量提升的总体要求。

一、2010—2018 年：质量项目为引领，注重内涵式发展

各政策文本是相关政策文件的静态形式，相关政策文本将逐步外显为多元化的政策活动，这些政策活动是政策系统的动态存在，静态的政策文本与动态过程的互动将形成特定的政策产出，④ 为中等职业教育专业建设质量提升提供了必要的政策保障以及政策

---

① 高鸿. 中等职业教育专业建设的问题与对策 [J]. 辽宁教育研究，2005（3）：46-48.
② 刘文全，马君. 新中国成立 70 年中等职业教育的历史使命与变迁——基于中等职业教育政策文本分析 [J]. 中国职业技术教育，2019（24）：28-35.
③ 贾旻，王迎春. 新中国成立 70 年职业教育发展历程、经验与展望 [J]. 河北大学成人教育学院学报，2020，22（2）：91-100.
④ 宋亚峰. 高等职业教育专业建设政策变迁研究——基于历年我国高等职业教育专业建设相关政策的社会网络分析 [J]. 中国职业技术教育，2021（30）：55-64.

依据。

2010 年 7 月，《国家中长期教育改革和发展规划纲要（2010—2020 年）》明确提出"大力推进中等职业教育改革创新，全面提高办学质量；促使职业教育规模、专业设置与经济社会发展需求相适应"的要求。为落实纲要内容，教育部、人社部、财政部从 2010 年到 2013 年组织实施了国家中等职业教育改革发展示范学校（简称"国家级示范校"）建设计划，分三批重点支持 1 000 所中等职业学校改革创新。而专业作为中等职业学校的基本单元，专业建设也便成为"国家级示范校"的重要抓手，恰切的专业布局与科学的专业发展战略则是"国家级示范校"建设的关键环节。

经过阶段性的探索，中等职业教育进入了新的发展阶段。国务院、教育部在 2014 年以后出台了多部政策文件关注中等职业教育的专业建设，为中等职业教育专业建设提供了诸多政策机遇。最为典型的是 2014 年国务院颁布的《关于加快发展现代职业教育的决定》，该文件明确提出推动专业设置与产业需求对接，调整完善职业院校区域布局，科学合理设置专业，健全专业随产业发展动态调整的机制，建成一批"世界一流的职业院校和骨干专业"。而 2015 年颁发的《教育部关于深化职业教育教学改革全面提高人才培养质量的若干意见》，更是将"改善专业结构和布局"单独作为一部分，强调引导职业院校科学合理设置专业，优化服务产业发展的专业布局，推动国家产业发展急需的"示范专业建设"等要求，为中等职业教育专业建设质量提升提供了路向指引。

从这一系列政策可以看出，中职学校专业建设逐渐被放在中职学校的发展重点上，中职学校专业建设质量提升也逐渐成为中等职业教育提升吸引力、加强内涵建设的必经之路，科学合理设置专业、专业动态调整、优化专业布局也被明确提出作为中职学校专业建设质量提升的目标和举措。

二、2019 年至今：深层次改革为动力，推动高质量发展

2019 年，国务院颁布了《国家职业教育改革实施方案》，开篇便明确指明职业教育是一种与普通教育同等重要的教育类型，并要求牢固树立新发展理念，由追求规模扩张向提高质量转变，大幅提升新时代职业教育现代化水平，自此，中等职业教育进入了高质量建设阶段，而中等职业教育的专业建设也在这一时代背景下，发生了深层次变革。

表 4-1-1 总结了 2019 年以来部分国家政策关于专业建设的论述，从中可以发现，"优化专业布局、调整专业结构、健全评估机制、修订专业目录、中高衔接贯通、产业衔接与融合"等是政策表述中的高频关键词。从这些高频关键词中不难看出中等职业教育的专业建设已然成为我国中等职业教育专业结构整体优化和中等职业教育发展提质增效的重要策略选择，而要充分发挥专业建设的作用，需要做到产教深度融合、供需精确匹配、中高衔接贯通、动态调整。

表 4-1-1　2019 年以来部分国家政策关于专业建设的论述

文件名	时间	政策
《中国教育现代化 2035》	2019	不断优化职业教育结构与布局；推动职业教育与产业发展有机衔接、深度融合，集中力量建成一批中国特色高水平职业院校和专业；优化人才培养结构，综合运用招生计划、就业反馈、拨款、标准、评估等方式，引导高等学校和职业学校及时调整学科专业结构
《国家职业教育改革实施方案》	2019	优化学校、专业布局，深化办学体制改革和育人机制改革；健全专业设置定期评估机制，强化地方引导本区域职业院校优化专业设置的职责，原则上每 5 年修订 1 次职业院校专业目录，学校依据目录灵活自主设置专业，每年调整 1 次专业
《职业教育提质培优行动计划（2020—2023 年）》	2020	专业设置和人才供给结构不断优化；统筹修（制）订衔接贯通、全面覆盖的中等、专科、本科职业教育专业目录及专业设置管理办法。构建国家、省、校三级专业教学标准体系，国家面向产业急需领域和量大面广的专业，修（制）订国家标准
《关于推动现代职业教育高质量发展的意见》	2021	坚持面向市场、促进就业，推动学校布局、专业设置、人才培养与市场需求相对接；围绕国家重大战略，紧密对接产业升级和技术变革趋势，优先发展先进制造、新能源、新材料、现代农业、现代信息技术、生物技术、人工智能等产业需要的一批新兴专业，加快建设学前、护理、康养、家政等一批人才紧缺的专业，改造升级钢铁冶金、化工医药、建筑工程、轻纺制造等一批传统专业，撤并淘汰供给过剩、就业率低、职业岗位消失的专业，鼓励学校开设更多紧缺的、符合市场需求的专业，形成紧密对接产业链、创新链的专业体系

　　在职业教育高质量发展的现实需求以及系列政策的要求下，教育部于 2021 年 3 月印发了《职业教育专业目录（2021 年）》（教职成〔2021〕2 号），首次系统化、一体化设计了中等职业教育、高等职业教育专科、高等职业教育本科不同层次的专业体系。这一目录的印发，是我国职业教育在现代产业体系、产业链现代化发展的背景下，实施专业布局和设置的动态更新的具体举措，彰显出中等职业教育"类型化"属性的必然选择，也标志着我国中等职业教育专业建设质量提升进入了新的历史发展阶段。

第二节　省域中职专业建设质量提升的政策比较

　　省域中等职业学校专业结构建设体现了中观领域对专业建设的实践探索，决定了技术技能人才培养的具体目标和结构类型。[①] 自 2010 年教育部、人社部、财政部联合发文《关

---

① 陈伟，薛亚涛. 论专业建设的中国逻辑 [J]. 高教探索，2021（4）：11-17.

于实施国家中等职业教育改革发展示范学校建设计划的意见》（教职成〔2010〕9号）起，国家颁布了系列推进现代职业教育体系建设、职业教育高质量发展的政策文件。在国家政策的指导下，各省（自治区、直辖市）高度重视中等职业教育的内涵发展，以专业建设为抓手，先后开始实施中等职业教育专业特色化建设计划，在政策、项目、经费、师资等方面加大对项目学校的支持力度，促进中等职业学校专业错位、差异、特色发展，对优化省域专业布局具有重要推动作用。本节通过梳理、总结部分省（自治区、直辖市）自2010年颁布的关于中职专业建设质量提升的政策文件，分析各省（自治区、直辖市）中职专业建设质量提升的重点任务和基本路径。

一、内涵发展：各省（自治区、直辖市）中职专业建设质量提升文件的目标转向

纵观2010年以来，北京、上海、重庆、广西、湖北、四川等12省（自治区、直辖市）都陆续出台了中等职业学校专业建设的相关意见和通知（见表4-2-1）。分析各省（自治区、直辖市）的相关文件名称可以发现，除了广西、吉林聚焦在中职学校示范专业的评估认定，其他省（自治区、直辖市）都聚焦在专业建设，且随着时间的迁移，专业建设的定位由"重点专业"转向"示范专业""特色专业""品牌专业"以及"高水平专业"，这一转向与国家中等职业教育发展的规则和要求不无关系，且不仅限定了专业建设的对象，更体现了专业建设的目标。

从某种程度上讲，定位转向也是中等职业教育专业建设质量提升的内涵所在，即以提高质量为核心，优化专业结构，凝练专业特色，建设一批校企合作紧密、培养模式先进、办学条件优良、质量效益显著的特色化、示范性专业，进一步提升中等职业学校专业基础能力和发展水平，有效引领和带动各省（自治区、直辖市）中等职业教育办学水平和教学质量整体提高。

表4-2-1　部分省（自治区、直辖市）专业建设文件的名称

省份	文件名
广西	《关于开展中等职业学校自治区级**示范专业评估**认定工作的通知》（桂教职成〔2006〕56号）
山西	《关于开展中等职业教育省级**示范专业（点）**评估认定工作的通知》（晋教职〔2006〕19号）
陕西	《陕西省教育厅关于开展高等职业院校**重点专业建设**工作的通知》（教职成〔2011〕11号）
北京	《北京市教育委员会关于中等职业学校**示范专业建设**的指导意见》（京教职成〔2011〕2号）
湖南	《湖南省高等职业院校**特色专业建设**基本要求》（湘教发〔2011〕13号） 《湖南省职业院校示范性特色专业群建设方案》（湘教通〔2014〕176）
吉林	《关于开展中等职业学校**示范专业评估**认定工作的通知》（吉教职成字〔2011〕16号）
四川	《四川省教育厅 四川省财政厅关于加强**高等职业院校省级重点专业建设**工作的通知》（川教函〔2014〕225号）

续表

省份	文件名
重庆	《关于实施 2015 年中等职业学校**重点（特色）专业建设**计划的通知》（渝教职成〔2015〕32 号）
湖北	《教育厅关于加强中等职业学校**特色专业建设**的通知》（鄂教职成〔2015〕6 号）
上海	《上海市教育委员会关于开展上海市中等职业学校**示范性品牌专业和品牌专业创建**工作的通知》（沪教委职〔2016〕9 号）
山东	《关于公布 2018 年度山东省中等职业教育**品牌专业建设**项目的通知》（鲁教职字〔2018〕14 号） 《关于实施山东省**中等职业教育专业特色化建设**计划的通知》（鲁教职函〔2021〕36 号）
河南	《河南省教育厅等四部门关于实施河南省**高水平中等职业学校和专业建设**工程的通知》（教职成〔2019〕408 号）

　　作为地方政策执行的依据，中央政策文本自身所隐含的政策要素间关系或结构，在很大程度上影响乃至决定着政策执行落实的效果。[①] 分析各省（自治区、直辖市）颁布的关于专业建设的单项文件（见表 4-2-2），其依据的政策文件包含两个方面。一方面是国家关于职业教育发展的重大指示文件。多数省份都依据了《国务院关于加快发展现代中等职业教育的决定》《教育部关于深化职业教育教学改革全面提高人才培养质量的若干意见》以及 2019 年颁布的《国家职业教育改革实施方案》。这一类文件规划了一段时间内我国中等职业教育发展的方向和路径，此外这一类文件也从不同角度对中等职业教育专业建设提出了明确的要求，如科学合理设置专业，健全专业随产业动态调整的机制、优化专业布局，健全专业设置定期评估机制，强化地方引导本区域职业院校优化专业设置的职责、建成一批世界一流的职业院校和骨干专业、重点打造一批能够发挥引领辐射作用的国家级、省级示范专业点等。另一方面是各省（市）对应阶段的职业教育发展规划文件和相关会议精神。如北京市人民政府《关于大力发展中等职业教育的决定》、重庆市《关于大力发展职业技术教育的决定》……这便突出了各省（市）结合区域内职业教育发展的现状和趋势，对中职专业建设提出了特色化的需求，并采取针对性的举措。

表 4-2-2　部分省（自治区、直辖市）专业建设文件的政策依据

省份	政策依据
广西	《广西中等职业学校自治区示范专业基本条件（2011 年修订)》
山西	**《国家中长期教育改革和发展规划纲要（2010—2020 年）》**、教育部《中等职业教育改革创新行动计划（2010—2012 年）》

---

① 谢秋山，杨旭. 垃圾分类政策缘何收效甚微？——基于 1986—2019 年中央政策文本的内容分析 [J]. 中国公共政策评论，2021，19（2）：53-75.

续表

省份	政策依据
陕西	**《关于贯彻〈国家中长期教育改革和发展规划纲要（2010—2020 年）〉的实施意见》** 《教育部、财政部关于支持高等职业学校提升专业服务产业发展能力的通知》（教职成〔2011〕11 号）
北京	**教育部、人社部、财政部《关于实施国家中等职业教育改革发展示范学校建设计划的意见》（教职成〔2010〕9 号）** 北京市人民政府《关于大力发展中等职业教育的决定》（京政发〔2006〕11 号）
湖南	深度融入产业链，有效服务经济社会发展的中等职业教育发展思路； 加快构建与湖南优势特色产业和战略性新兴产业衔接的现代中等职业教育体系
吉林	《吉林省中长期教育改革和发展规划纲要（2010—2020 年)》 《吉林省教育事业发展"十二五"规划》
四川	**《国家中长期教育改革和发展规划纲要（2010—2020 年）》** **《四川省中长期教育改革和发展纲要（2010—2020 年）》**
重庆	**《国务院关于加快发展现代中等职业教育的决定》（国发〔2014〕19 号）** 重庆市委、市政府《关于大力发展职业技术教育的决定》（渝委发〔2012〕11 号） 重庆市政府《关于加快发展现代中等职业教育的实施意见》（渝府发〔2015〕17 号）
湖北	《省人民政府关于加快发展现代中等职业教育的决定》（鄂政发〔2014〕51 号）
上海	**《国务院关于加快发展现代中等职业教育的决定》** **《教育部关于深化中等职业教育教学改革全面提高人才培养质量的若干意见》** 《上海市人民政府关于大力发展现代中等职业教育的决定》（沪府发〔2015〕9 号） 《上海现代中等职业教育体系建设规划（2015—2030 年）》（沪教委职〔2015〕30 号）
山东	**习近平总书记关于职业教育工作的重要指示；全国职业教育大会精神；部省共建职教高地要求** 《山东省教育厅 山东省财政厅关于实施职业教育质量提升计划的意见》（鲁教职字〔2017〕6 号）
河南	**《国家职业教育改革实施方案》**；河南省教育大会精神

二、任务聚焦：各省（自治区、直辖市）专业建设质量提升文件的内容框架

政策文本的内容框架明确了该政策内容体系的价值取向和逻辑定位。[①] 一般而言，政策文本的内容框架包括：政策制定的背景、政策的目标与任务、重点研究领域、措施及激励机制等。[②] 分析比较国家中等职业教育改革发展示范校的建设文本以及各省（自治区、直辖市）专业建设质量提升文件的内容框架（见表4-2-3）可以发现，指导思想和建设意

---

① 高宏钰，霍力岩，谷虹. 幼儿园教育传承传统文化的内容与方式——基于政策文本的研究 ［J］. 基础教育课程，2019（19）：33-40.
② 马欣员. 美国科技政策及效应研究 ［D］. 长春：吉林大学，2014.

义出现的频次最多，几乎每个文件中都有出现，其内容体现了该政策文本的制定背景。建设任务则是政策文本的核心部分，它指明了专业建设应该围绕哪些方面开展，部分省（自治区、直辖市）在此基础上进一步明确了相关的建设目标和建设要求，具有较强的指导意义。保障机制和保障措施是专业建设项目文件无法缺失的部分，它系统设计了专业建设质量提升的"人财物"保障，为项目的实施落地和学校专业建设相关工作提供了保障和基础。

表4-2-3 部分省（自治区、直辖市）专业建设文件的内容框架

建设项目	内容					
国家中等职业教育改革发展示范学校	建设意义	指导思想	总体目标	建设任务	组织实施	有关要求
福建省示范性现代职业院校建设	建设目标	建设任务	建设要求	组织实施	保障机制	
广西自治区示范专业评估	评估对象	工作程序及时间安排	材料准备及报送要求	其他		
湖南示范性特色专业群评估	指导思想	基本原则	建设目标	建设内容	保障措施	申报、遴选与管理
吉林示范专业评估	评估目的	工作目标	组织机构	申报的基本条件	申报程序	评审与认定
山西省示范专业评估	内涵与指导思想	总体目标	基本原则	评估与验收		
上海市示范性品牌专业各品牌专业创建	指导思想	建设目标	建设任务	建设经费标准及要求	建设经费标准及要求	实施步骤
河南省高水平中等职业学校和专业建设	指导思想	总体目标	重点任务	组织实施	其他要求	

承前所述，建设任务是学校开展专业建设质量提升的风向标，也是各省（自治区、直辖市）组织专业建设考核评估的内容体系，它关乎专业建设建什么、如何建，如何评估专业建设质量等关键性问题。基于此，重点梳理分析各省（自治区、直辖市）专业建设的任务和内容（见表4-2-4）。

表4-2-4 部分省（自治区、直辖市）专业建设的任务和内容

区域专业建设项目	建设任务/内容					
北京示范专业建设	优化人才培养方案	课程和教材建设	师资队伍建设	实训基地建设	校企合作	教学管理制度的改革与创新

区域专业建设项目	建设任务/内容						
湖北特色专业建设	加大专业结构调整力度	积极推进课程改革	加强师资队伍建设	提高服务地方经济社会发展能力			
湖南特色专业建设	创新校企合作体制机制	改革人才培养模式	推进课程体系改革	加强教师队伍建设	改善实践教学条件	建设专业教学资源	改革教学管理制度	提高社会服务能力
湖南示范性特色专业群建设	专业结构优化调整	人才培养模式与课程体系创新	实践教学条件建设	教学团队建设	专业群发展机制建设			
上海市示范性品牌专业各品牌专业创建	创新人才培养模式，推进校企深度合作	深化课程教学改革，形成丰硕课改成果	打造"双师型"师资队伍，一流教学团队	提高专业服务水平和社会声誉			
陕西重点专业建设	构建校企合作平台	推进人才培养模式改革	强化实践育人环节	加强教学团队建设	实施第三方评价	增强服务能力		
重庆重点专业建设	构建专业建设机制	创新人才培养模式	建设精品课程	建设高素质教师队伍	深化校企合作	加强教学质量评估		
四川高等职业院校省级重点专业建设	人才培养模式改革创新	"双师"教学队伍建设	课程改革与资源建设	教学方法与手段改革	实践教学体系与条件建设	管理机制建设	服务社会能力建设	

　　对上述建设任务和建设内容进行共同要素提取（见表4-2-5），发现各省（自治区、直辖市）专业建设的任务和内容主要集中在九个方面：人才培养、课程改革、师资建设、实训实践、校企合作、教学改革、专业调整、服务能力以及评价机制。其中，人才培养聚焦优化人才培养方案和人才培养模式改革创新；课程改革聚焦课程体系改革和优质课程建设；师资建设聚焦"双师型"师资队伍和师资队伍建设；实训实践聚焦实践条件建设和实训基地建设；校企合作聚焦深化校企合作和构建校企合作平台；教学改革聚焦教学管理制度改革创新与教学方法改革创新；专业调整聚焦优化专业结构和建设专业群发展机制；服务能力聚焦提高专业社会服务水平；评价机制聚焦教学质量评估和第三方评价。

表 4-2-5　部分省（自治区、直辖市）专业建设任务和内容的要素分析

要素	建设任务/内容						
人才培养	优化人才培养方案	改革人才培养模式	人才培养模式	创新人才培养模式，推进校企深度合作	推进人才培养模式改革	创新人才培养模式	人才培养模式改革创新
课程改革	课程和教材建设	积极推进课程改革	推进课程体系改革	课程体系创新	深化课程教学改革，形成丰硕课改成果	建设精品课程	课程改革与资源建设
师资建设	师资队伍建设	加强师资队伍建设	加强教师队伍建设	教学团队建设	打造"双师型"师资队伍，形成一流教学团队	加强教学团队建设	建设高素质教师队伍	"双师型"教学队伍建设
实训实践	实训基地建设	改善实践教学条件	实践教学条件建设	实践教学体系与条件建设	强化实践育人环节			
校企合作	校企合作	创新校企合作体制机制	推进校企深度合作	构建校企合作平台	深化校企合作			
教学改革	教学管理制度的改革与创新	建设专业教学资源	深化课程教学改革，形成丰硕课改成果	教学方法与手段改革	管理机制建设			
专业调整	加大专业结构调整力度	专业结构优化调整	构建专业建设机制	专业群发展机制建设				
服务能力	提高服务地方经济社会发展能力	提高社会服务能力	提高专业服务水平，拥有优质社会声誉	增强服务能力	服务社会能力建设			
评价机制	实施第三方评价	加强教学质量评估						

分析部分省（自治区、直辖市）专业建设任务和内容的要素频率（见图 4-2-1）可以发现，大部分省（自治区、直辖市）专业建设的内容都较为集中，其中师资建设、人才

培养模式、课程改革、实训实践、教学改革、校企合作、服务能力是专业建设的重点内容和重点任务。

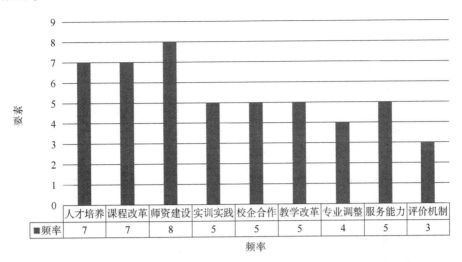

	人才培养	课程改革	师资建设	实训实践	校企合作	教学改革	专业调整	服务能力	评价机制
■频率	7	7	8	5	5	5	4	5	3

图 4-2-1　部分省（自治区、直辖市）专业建设任务和内容的要素频率

第三节　新时代中职专业建设质量提升的应然选择

中职专业建设质量提升，不仅仅是培养高素质技能型人才的必然要求，同时也是专业高质量发展的应然选择。特别是从近年来国家、省（自治区、直辖市）颁布的各项政策来看，新时代中职专业建设质量提升在建设目标、建设内容、建设方式等方面都发生了多重价值转向。本节主要立足新时代的发展背景，在剖析新时代中职专业建设质量提升多重转向的基础上，阐述新时代中职专业建设质量提升紧扣"内涵化"、凸显"差异化"、突破"同质化"、实现"多样化"、推进"一体化"的应然选择。

一、紧扣"内涵化"：体现提质培优的发展主题

中职专业建设应该紧抓质量提升主线。提质培优是新时代职业教育发展的内生性需求。近年来，国家将发展职业教育提升到更高的战略层面，尤其是党的十九大以来，党中央、国务院推出了《国家职业教育改革实施方案》《职业教育提质培优行动计划（2020—2023 年）》《关于推动现代职业教育高质量发展的意见》等系列职业教育改革发展的重大举措性文件，明确了"十四五"期间乃至更长一段时间职业教育改革发展的政策框架。全国职业教育大会的召开更是立足"两个一百年"奋斗目标的历史交汇点，全面部署了发展现代职业教育的政策举措。习近平总书记对职业教育工作作出的重要指示，已经明确了职业教育高质量发展的基本方向和行动指南。孙春兰副总理在全国职业教育大会上近 40 次提到"质量"一词，强调要"牢牢把握教育质量生命线""牢牢把住质量关""提升人才培养质量"，质量一词已成为贯穿职业教育全局发展的主基调、主旋律。

承此逻辑，中职专业建设也未能从"质量"这一主旋律中逃脱，各省（自治区、直辖市）专业建设紧抓质量提升主线，着重强调专业建设需全面推进中职教育内涵发展、特色发展、创新发展，不断提升人才培养质量要求。自 2010 年颁布的《关于实施国家中等职业教育改革发展示范学校建设计划的意见》开始，中等职业教育专业建设的目标从重点专业转向示范、特色专业，各省（自治区、直辖市）也开始重点关注示范、特色专业建设，围绕产业优化升级和经济社会发展需求，坚持"做强主体专业、拓展新兴专业、升级传统专业"的原则，引导职业学校科学合理设置和调整专业，优化专业设置；支持发展新兴产业和区域重点发展、扶持产业相关的专业，减少或撤并限制类、淘汰类产业相关专业，通过人才培养模式、课程改革、师资建设、实训实践、校企合作、教学改革、专业调整、服务能力以及评价机制等方面改革成效显著的省级示范（特色）专业点，打造一批区域性中职品牌专业。这一系列政策举措无不呈现出中等职业教育专业高质量发展的内生性诉求。

二、凸显"差异化"：实现区域布局的战略协同

中职专业建设应该采取"鼓励与限制"并举模式。通过引领鼓励、宏观政策调节等手段引导中职专业布局实现有重点、有特色、有取舍，进而实现专业建设区域间的均衡与差异，唯有真正实现"供给侧"与"需求侧"的动态平衡，才能增强中等职业教育专业的适应性，才能真正做到"依产业布专业，以专业促产业"，才能真正培养出符合区域经济社会发展需求的技术技能型人才。

一方面，鼓励各地指导中职学校积极申报服务区域发展战略和现代产业体系建设的相关专业，增强服务区域产业发展的能力。这就需要对企业以及人才市场的"需求侧"进行充分调研和精准预测，通过对产业链、企业需求、民生需求、技术发展前沿等方面的动态信息进行综合考量，合理设置专业、调整专业定位、配置专业的招生规模，摒弃传统的"招生为王""短平快"的专业建设理念，充分重视区域经济发展对传统战略行业的需求以及新兴产业的发展，形成与区域产业分布形态相适应的专业布局，提高专业与产业的匹配度。另一方面，限制中等职业学校设置护理、幼儿保育等国控、省控专业，鼓励其改造和升级相关专业，提升专业结构的适应性。中等职业学校要避免出现由于盲目增设热门专业而导致邯郸学步，或是一味地因循守旧而导致故步自封。要以增强专业服务于现代产业体系需要，服务于产业基础高级化、产业链现代化的内生能力为根本目的，科学合理地增设新的专业，并综合中等职业学校的实际情况，有规划、有方向、有步骤地对学校的相关专业进行调整、升级和数字化改造，使专业建设真正成为人才培养质量提升的重要抓手。

三、突破"同质化"：避免专业建设的重复迭代

中职专业建设需要采取省域统筹模式，破解同质化问题。中等职业教育专业设置具有很强的市场适应性，由于缺乏专业布点间的协调机制与有效的专业布局统筹，很多学校开设专业时都是依据市场导向，以"招生难易"为是否开设专业的衡量标准，直接导致了区

域中等职业教育专业建设重复、同质化现象突出，特色化、品牌化专业建设滞缓。

中等职业教育专业结构优化是一个系统性工程，它不是对相关专业进行简单撤销、新建、规范的过程，也不仅是对专业数量、规模、布局、培养标准进行调整的过程，而是一个既要从宏观上把握优化的思路与原则，也要从微观上明确优化每一个步骤的推进过程。基于这一思路，按照"中省统筹、扶优扶弱、分类推进、同步实施"的原则，整合中央和省级财政资金，整合区域内中职学校相同或相近专业，结合原有专业结构实际，统筹考虑区域学校专业整体建设，避免中职学校间专业建设同质化，强调优势互补、错位式发展。此外，引导和激励各地通过多种方式促进中等职业教育发展，推动中职学校优化专业结构、调整布局。根据区位发展定位，围绕区域产业发展要求，重点支持建设服务能力强、特色鲜明、制度创新、引领发展的中职示范（特色）专业点，推动全省中等职业学校专业建设水平整体提升。在专业建设过程中，遵循区域性与开放性相统一、需求性与前瞻性相统一、效益性与发展性相统一、稳定性与灵活性相统一等基本原则，着力破解由于专业建设与市场需求对接的滞后性导致专业设置及建设存在的随意性、盲目性、跟风性，和因此而出现的中职专业建设同质化、相互间低水平的竞争与模仿，以及部分热门专业扎堆建设、重复建设，进而导致学校专业结构失衡并严重影响中职学校专业设置的合理性等问题。

四、实现"多样化"：满足就业与升学并重的需求

中职专业建设需要秉持推进中职多样化发展的原则。新的发展时期，职业教育"类型特征"的不断凸显和中职学校发展定位的明晰呼唤着中职学校更加多样化发展，以此解决中职教育主要存在的办学定位不适配的根本性问题。换言之，在现代职业教育体系构建中，亟待充分发挥中等职业教育的基础性作用，为满足高素质技术技能型人才培养的现实需求奠定基础。

而将这一现实需求落脚到中职专业建设这一切入点上，需要中职学校紧扣专业内涵建设关键点，从单纯"以就业为导向"转变为"就业与升学并重"。一方面，坚持技术技能人才培养的目标不动摇。职业教育类型化的根本特征在于技术技能的培养，而要贯彻这一根本特征，中职学校专业建设需要从课程设置、教师类型、实习实训基地建设以及教育教学等多个方面贯彻技术技能教育的根本目标，唯有如此，才能真正彰显职业教育的类型特色，才能真正助力中等职业教育高质量发展。另一方面，抓好符合职业教育特点的升学教育。随着经济社会的发展，市场对技术技能人才的需求层次有所提高，人们对职业教育的需求层次也在不断提高，在这样的背景下，中等职业教育在职业教育体系中发挥的是基础性教育作用。而要满足职业教育的发展需求和人们对职业教育的高层次需求，中等职业学校亟须在保障学生技术技能培养质量的基础上，加强文化基础教育，扩大贯通培养规模，打开中职学生的成长空间，让中职学生就业有能力、升学有优势、发展有通道，满足人民群众对于新时期中职学校人才培养的迫切期望和产业发展对人才层次高移的现实需要。

五、推进"一体化"：搭建人才培养的"立交桥"

专业建设凸显人才培养一体化理念。中高职衔接是构建现代职业教育体系、培养适应我国经济社会发展高技能人才的关键，也是构建终身教育体系、整合职业教育资源、稳定中职教育的基础作用、发挥高职教育的引领作用、构建人才成长的"立交桥"的重要一环。然而，在实践过程中，中高职衔接却面临教育层次价值取向的社会基础根深蒂固、中高职专业设置契合度较低、中高职课程结构衔接错位等根本性问题，在课程衔接、培养目标衔接、专业设置衔接、学习制度衔接等方面问题尤为突出。基于这一背景，2002年国务院颁布的《关于大力推进职业教育改革与发展的决定》首次提出"现代职业教育体系"的概念，《国务院关于加快发展现代职业教育的决定》《现代职业教育体系建设规划（2014—2020年）》以及《国家职业教育改革实施方案》等多个政策文件明确指出，强化中高职沟通与衔接，落实好中高等职业人才培养衔接行动计划、加强中等职业教育与高等职业教育。自此，搭建体系贯通、结构合理、衔接通畅的现代化职业教育体系已经成为我国中等职业教育高质量发展的必要条件，而专业升级改造以及专业"中—高—本"衔接则是重要组成部分。

中职专业建设应该引导中职学校跳出"断头式"的专业建设模式，与高职院校"共建共享"，按照专业类为单元讨论人才培养方案，围绕课程体系设置、人才成长途径、教育教学过程、校企深度合作等方面的衔接热点问题展开中高职衔接对话。鼓励中高职院校通过"小手拉大手"的贯通培养模式，充分利用师资、设备、科研以及校企合作、招生就业方面的成功经验和资源优势，发挥引领、辐射、带动作用，实现全方位、立体合作对接，强强联合，优势互补，中高衔接，多元发展，通过联合开办"试点班"，共同制定"一体化"人才培养目标，共同编制"一体化"人才培养方案、课程标准、教材编写、联合教研等，实现"专业有所对口、课程有所对应、内容有所区分、知识与技能由浅入深"。

第五章

省域中职专业建设质量提升的四川模式构建

四川地域辽阔、人口众多、资源丰富。四川一面有着经济持续发展的深厚基础和广阔空间，另一面有着资源要素分布和经济发展条件在不同区域间的巨大差异。2021 年，成都 GDP 近 2 万亿元，占比超过全省 GDP 的三分之一。四川独特的省情是全国国情的一个缩影，更是诸多发展不均衡省域的掠影。在这样的省情下，四川各区域的中等职业教育发展更是表现出不充分、不均衡的特征，以成都为代表的发展"高峰"与其他欠发达地区的发展"低谷"，在专业课程建设、师资建设、实习实训设备建设、质量评价等诸多方面标准差异大、落实偏差大。因此，如何探索出一条适合四川省中等职业教育专业建设质量提升的特色化路径，如何构建一种适合不均衡发展省域专业建设质量提升的普适性模式显得尤为重要。本章主要探讨以多维协同推进中等职业教育专业建设质量提升的模式构建，以四川省中职示范（特色）专业建设项目为抓手，通过理念构建、路径构建、标准构建、机制构建输出四川省中职专业建设质量提升典型模式，促进全省中等职业教育全面质量提升的最终实现。

第一节　中职专业建设质量提升模式的理念构建

中职专业建设质量提升作为一项系统工程，其模式建构需要依托统一的理念认识作为建设根基，清晰描绘中职专业建设质量提升模式构建的建设思路原点。本节主要通过四川省中职专业建设的价值理念构建，输出模式建构下的目标子系统。

一、提出"多维协同、差异均衡"的建设构想

习近平总书记在区域协同发展战略中"对于约占我国国土面积七成的西部地区提出了殷切的期许"，强调在区域系统发展中"强化举措推进西部大开发形成新格局""推动新时代西部大开发迈上新台阶形成新格局"。四川省立足于广袤的西部地区，既面临新西部大开发以及成渝双城经济圈建设的战略性发展契机，却又面临省域层面社会、产业、经济等多方面发展不平衡不充分现象。在这样的背景下，四川省中职专业建设同样面临区域经济"虹吸集聚、辐射扩散"差异性大与职业教育"强者愈强、弱者更弱"差距性大的双

重背景，呈现出区域发展的不平衡不充分现象。因此，中职专业建设作为四川中等职业学校建设发展的缩影、四川省职业教育质量提升的重要增长极、有效服务西部乃至全国人才供给以及助推产业发展的重要突破口，亟待在变革中发展与提升，力图改变"一哄而上建专业"导致的资源重叠、浪费，就需要从上到下转变观念，改变因为认识误区和管理体制等方面原因造成的专业建设行动偏差。

面对四川省不均衡发展的省情以及职业教育不充分发展的现状，四川省教育厅深入贯彻落实《四川省人民政府关于加快发展现代职业教育的实施意见》关于"实施职业教育基础能力建设计划"和《四川省教育事业发展"十三五"规划》关于实施"中等职业教育能力提升工程"要求，进一步推进优质职教资源建设，提高中职学校办学水平和质量，从宏观整体效益出发，正确认识专业建设的全局性以及宏观引领性。把握"一刀切"与"切一刀"的辩证关系，力求通过专业建设"统分结合"，"统"即坚持全省中职示范（特色）专业建设"全省一盘棋"的统一部署，通过严格控制预警专业和国家控制发展专业的立项建设数目，发布专业设置分析报告，定期公布专业布点情况指导市州及时调减或停止专业布点较多、重复率高、就业率较低的专业，引导改变专业建设同质化现象，做到区域错位发展。通过建立专业风险预警机制，淘汰一批市场需求萎缩、没有发展前景的专业；建立专业设置动态调整机制，压缩一批重复设置、市场容量有限的专业；坚持错位发展，兴办一批面向都市农业、先进制造业和现代服务业的专业。"分"即兼顾成都职教发展"高峰"与其他地区职教发展"低谷"的差异，充分考虑四川区域经济发展不平衡和职业教育发展不均衡的实际情况，充分认识到作为教育系统重要组成部分的中等职业教育的重要基础性地位，以专业建设促系统有序化发展，形成整体效应协同。基于此，提出"多维协同、差异均衡"的中职专业建设全局性构想，通过中职示范（特色）专业建设落实"全省一盘棋+协同推进"的建设理念。

二、践行"全省一盘棋"的建设思路

从教育学意义上来说，职业教育统筹发展是教育公平的重要主张，也是教育与劳动相结合的实践样态，更是教育与社会发展融合的应然追求。四川省教育厅通过统一部署，由教育厅职成处于2017年4月发文召开专题座谈会，研究讨论省中职示范（特色）专业项目工作方案、标准框架、遴选及管理事宜，由省教科院职成所牵头组建专家工作组，分别编制主体文件、建设标准及管理办法。通过广泛听取职业学校、教科研部门的意见与建议，开展实地调研以及召开研讨会、起草会、修订会及审议会等方式，共研建设目标、内容、标准等核心内容，于2018年4月、5月正式下发川教〔2018〕61号及教函〔2018〕301号文件，正式在全省范围内实施"中等职业教育质量提升工程"，支持建设50所省级示范校、100个省级示范（特色）专业以及扶持一批符合条件的薄弱中职学校改善基本办学条件。

中职示范（特色）专业建设项目严格落实 2011 年出台的《四川省中等职业学校专业设置管理办法（试行）》中提出的"省级教育行政部门负责全省中等职业学校专业设置宏观管理、管理指导、检查监督和推进专业化规范建设"要求，对示范（特色）专业建设形成统筹指导、统筹布局，树立"全省一盘棋"的专业建设意识。项目建设转变以往专业建设过程中存在的市（州）自主统筹的"各自为政"局面，从形态上实现区域职业教育统筹发展和资源的优化配置。由省教育厅职成处统筹安排、省教科院牵头部署，分三批次稳步推进专业建设项目，每批次均按照项目遴选、建设方案和任务书编制培训、立项评审、项目推进会、项目负责人培训、中期指导、整改推进、终期验收等程序逐步推进。通过三批次的专业遴选及建设，突出专业特色优势，打造专业品牌，培育专业龙头和专业集群，建设一批对接省内优势产业、战略性新兴产业、高端成长型产业和新兴先导型服务业等重点产业发展需求的省级示范专业以及一批对接区域特色产业、现代农牧业、民族优秀传统文化和非物质文化遗产、精准扶贫等领域发展需求的省级特色专业。此外，通过分批次"以老带新""以强带弱"的建设模式，引领省内相同、相似专业"组群式"发展，实现"全省一盘棋"的专业建设样态。到 2022 年，重点建成 100 个适应需求、特色鲜明、办学水平高、就业质量好、服务能力强，特别在校企合作、工学结合、人才培养模式改革等方面成效显著，达到四川一流、国内有较大影响的省级示范（特色）专业点，促进全省中职专业质量稳步提升。

三、贯穿"协同推进"的建设逻辑

协同学理论认为，当在外力作用下或物质的聚集状态达到某种临界值时，能有效找出系统失衡的影响因素，发挥子系统间的协调作用，使复杂系统从无序变有序。由此可见，系统的非平衡性、开放性、协同性是系统形成协同效应，推动系统从无序状态向有序状态转化的前提条件。协同是促使各类不同类型、互为矛盾而又互为协调的系统内部子系统呈现出新的有序状态的共同规律。协同性是中职专业建设的基本属性之一，亟待通过健全协同创新机制，通过促进以前相对独立、自治、自利的各子系统相互默契地协同工作，从一种状态转化为新的状态，让旧系统结构在发生变革的过程中，产生协同的关系，以增加紧密的程度，以解决中职专业建设中的实际问题。

中职示范（特色）专业建设项目贯穿"协同推进"的建设逻辑，在整体上促使子系统之间的协同，即实现目标系统、过程系统与支持系统的协同，在内容上促进理念、结构、标准、机制等要素之间相互协调、共同推进，达到互利互赢，通过多维协同进而促进中职专业建设质量全面提升。具体而言，在目标系统层面，构建理念协同，强调认识的协同，即"全省一盘棋"的制度设计与"协同推进"的建设思路相统一，在顶层设计上统筹中职示范（特色）专业建设项目，将其置于中职质量提升工程中同规划、同部署，在实施落实上压实市（州）主体责任，引导实现区域间专业布局的动态平衡。在过程系统层面，构建结构与标准的双协同，结构协同强调布局的协同，即省域与区域布局协同，区域间布局协同，产业与教育的横向协同和中职与高职的纵向协同。根据政策引导、区域经济发展及产业转型升级需求进行动态调整专业群结构，走内涵式发展道路，并凸显专业间的差异性、错位性发展，深化校企合作、产教融合、科研成果转化和国际交流服务，革新人才培养模式，协同发挥跨界融合、区域标杆、文化传承与创新职能，逐渐形成"当地离不开、业内都认可、国际可交流"的集群化品牌优势与集聚效应。标准协同强调尺度的协同、内部标准间的协同、建设标准与验收标准的协同。在中职专业建设内部协调统筹人才培养机制、专业核心课程、"双师型"教师团队认定、专业教学条件建设等内容标准，使无序变有序，使缺乏标准到标准化指导，增强内生发展动力，形成资源共享、优势互补、协同创新运行管理机制，提高人才培养质量。在支持系统层面，构建机制协同，即行政部门间合作联动的横向协同、垂直管理部门间联动的纵向协同、建设与评价联动的过程协同、点线面推进的落实协同。通过行政部门间纵向以及横向的共同推进，形成结构性协同与程序性协同的协同机制，达到政策协调，解决"跨界问题"。通过规范项目建设工作，提高项目管理水平，提升项目实施效益，统筹协调引导省内中等职业教育整体发展、均衡发展、特色发展。通过政策整合对区域内教育资源进行合理配置，实现跨越部门职责的"一体化"统一政策推进，避免或者最小化政策的重叠与壁垒，寻求政策的紧密衔接，达到连贯一致的最大化，增强政策效力。

第二节　中职专业建设质量提升模式的路径构建

中职专业建设质量提升作为一个系统性工程，关系到整个职业教育高质量、可持续的发展，以及有效服务经济产业发展的内生能力，清晰的路向引领是质量提升模式构建的行动纲领。本节主要通过四川省中职专业建设的空间布局、结构布局、层次布局路径构建，输出模式建构下的过程子系统。

一、优化"区域协同"的空间布局

不同区域的职业教育处于不同的发展水平，需要在把握其阶段性特征的基础上进行分类指导，采取有针对性的改革举措，提升职业教育与区域经济发展水平的适切性，这是职业教育实现均衡发展的必然要求。四川省中职示范（特色）专业建设项目提倡和引导不同区域专业建设的多元化和差异化，实现省域中职教育专业在层次、数量、类别等在空间布局上的整体优化，在遴选 21 市（州）全覆盖的基础上，凸显五区协同。根据市（州）功能定位、产业结构调整、经济增长方式转变和科技进步的特点，紧密结合重点产业、新兴产业和特色产业发展的需要，通过专业建设评估引导和调控中职学校专业布局结构，形成特色鲜明、品牌纷呈的专业体系，逐步形成区域之间、学校之间定位准确、错位竞争、优势互补、各具特色、有序发展的专业建设格局，实现专业资源有序、有效配置。

四川省中职示范（特色）专业建设项目专业布点全面考虑城市、农村中职专业发展差异，遵循城乡协同发展原则，立项建设包括城市职业学校与农村职业学校；专业布点整体考虑中职专业发展覆盖面，综合考虑公办、民办中职等专业发展现状，遵循公办与民办协同发展原则和发达地区与贫困地区协同发展原则，立项建设充分考虑民族地区及贫困县的覆盖情况，以及中职学校、技工学校、公办中职与民办中职的覆盖情况。采用"抓两头、带中间"的思想齐抓共管，综合考虑各市（州）中职专业建设已有基础与发展方向、示范（特色）专业省内布点情况以及专业建设区域同质化与差异化的博弈统一，形成抓内涵、提质量的专业建设理念与共识，做到建设规模适切、结构适切、布局适切以及层次适切的示范（特色）专业，实现"扬峰填谷"协同推进。经过三批次申报、遴选，最终确定立项100个示范（特色）专业，其中示范专业85个、特色专业15个，示范（特色）专业点实现21市（州）全覆盖（见表5-2-1）。

表5-2-1　四川省中职示范（特色）专业建设立项数情况

序号	地区	第一批立项数	第二批立项数	第三批拟立项数	小计
1	成都市	7	10	8	25
2	自贡市	0	2	3	5
3	攀枝花市	2	2	1	5
4	泸州市	1	2	2	5
5	德阳市	2	1	1	4
6	绵阳市	0	1	4	5
7	广元市	1	3	2	6
8	遂宁市	2	2	1	5
9	内江市	1	1	1	3
10	乐山市	1	1	1	3
11	南充市	2	1	2	5
12	眉山市	1	0	2	3
13	巴中市	1	1	2	4
14	宜宾市	2	2	1	5
15	广安市	1	1	1	3
16	达州市	2	0	2	4
17	雅安市	1	1	2	4
18	资阳市	1	0	0	1
19	阿坝州	0	1	1	2
20	甘孜州	1	0	0	1
21	凉山州	1	0	1	2
合计		30	32	38	100

2018年11月，四川省中职示范（特色）专业建设第一批30个示范（特色）专业立项完成，其中示范专业26个、特色专业4个，专业布点覆盖全省17个市（州），涉及民办学校2所。

2019年4月，四川省中职示范（特色）专业建设第二批32个示范（特色）专业立项完成，其中示范专业25个、特色专业5个，专业布点覆盖全省15个市（州），涉及民办学校3所。

2020年4月，四川省中职示范（特色）专业建设第三批38个示范（特色）专业立项完成，其中示范专业32个、特色专业6个，专业布点覆盖全省19个市（州），涉及民办学校3所。

二、紧扣"产教融合"的结构布局

四川省示范（特色）专业建设项目将"依产业布专业，以专业促产业"作为重要的路径建设引领，依据各市（州）重点布局产业分布情况，立足辐射当地产业经济发展的根本目标，重点布局优势、特色、紧缺专业，达到"产业因专业旺，专业因产业兴"的产教融合效果。建设立项依托产业建设专业的布点遴选条件，对接产业发展战略，完善专业随产业发展动态调整机制。依据专业与产业发展需求匹配度高、主动适应区域经济社会发展需求、服务区域产业成效显著的遴选条件，将产教深度融合、专业特色鲜明、与地方经济社会发展需要契合度高的专业作为中省资金的扶持重点。主动对接四川"5+1""4+6""10+3"现代产业体系需求，定期发布限制发展类、鼓励发展类和优先发展类的专业名单，引导中职学校立足自身发展特色，依托地方经济发展需求和产业规划及时调整专业设置。

在示范（特色）专业建设项目遴选、立项过程中，充分考虑专业布点与三次产业经济匹配度，遵循专业建设主动对接产业协同发展原则，建设专业综合考虑产业类别、产业大类与专业匹配度，采用围绕全省三次产业重点、紧缺行业领域布点专业，依托高质量建设反哺产业经济高质量发展（见表5-2-2）。坚持"扶优扶强、扶特扶需"的基本原则，兼顾地方经济和产业发展需要与职业教育纵深发展的长远战略布局。重点扶持职业学校中具有优势和竞争力的专业，基于中职学校已有专业基础，积极支持中职学校申报四川省优势产业、战略性新兴产业、高端成长型产业、新兴先导型服务业等重点产业发展相关专业。将专业建设纳入地区经济社会发展规划中，区域职业教育发展与经济社会发展协调互动，与地方支柱产业、主导产业、战略性新兴产业需求有效对接。重点扶持错位竞争的特色专业，将专业建设纳入区域经济、区域文化乃至区域社会的联动发展规划中，在联动中形成特色，在联动中服务特色，从而更进一步符合区域产业经济特色发展需要。积极支持申报区域特色产业、现代农牧业、民族优秀传统文化和非物质文化遗产、精准扶贫等领域相关特色专业。重点扶持社会紧缺人才的专业，将专业建设纳入区域资源短期与长期配置规划中，将人才培养定位和需求与区域经济社会的超前性预期发展相对接，努力破解人才培养的滞后性，立足当前与放眼预期相结合，大力支持社会事业发展急需、市场人才紧缺的专业，如健康养老、养生保健、家政服务、文化创意等相关专业。实现差异发展、错位发展，形成与区域经济和产业发展匹配紧密、结构合理、覆盖广泛、特色鲜明的专业体系。

表 5-2-2　四川省中职示范（特色）专业建设情况

产业类别	专业大类	专业	分布地区
第一产业（13个）	农林牧渔类	畜牧兽医	巴中（南江小河职中）、甘孜（甘孜职校）、凉山（冕宁职校）、泸州（合江先市职高）
		现代农艺技术	遂宁（射洪职中）、广元（2个：旺苍职中茶学方向、苍溪职高）、巴中（通江职高食用菌方向）
		农村经济综合管理	达州（宣汉职中）、雅安（荥经县职高）
		木材加工（竹编）	眉山（青神职中）
		茶叶生产与加工	雅安（省贸易校）
	轻纺食品类	食品生物工艺	成都（邛崃职高）
第二产业（27个）	加工制造类	机械加工技术	内江（威远职校）、成都（2个：金堂职高、蒲江职中）、广安（邻水职中）、达州（开江职中）、乐山（沐川职中）、广元（剑阁职高）
		电气自动化设备安装与维修	德阳（德阳安装技师学院）、成都（四川矿产机电技师学院）
		机电设备安装与维修	攀枝花（**攀枝花市华森职业学校［民办］**）
		数控技术应用	宜宾（南溪职中）、绵阳（三台县刘营职高）
		机电技术应用	达州（达县职高）、遂宁（射洪职中）
		焊接技术应用	攀枝花（攀枝花技师学院）
		工业机器人应用与维修	成都（成都技师学院）
	土木水利类	建筑测量	广元（四川水利水电技师学院）
		建筑工程施工	泸州（泸县建校）、自贡（富顺职校）、成都（2个：成都建筑职中、双流建校）、攀枝花（攀枝花建筑工程校）
	交通运输类	公路施工与养护	成都（四川交通技师学院）
		冷作钣金加工	攀枝花（攀枝花技师学院）
	石油化工类	化学工艺（盐化工方向）	自贡（省盐业校）
		机械设备装配与自动控制	绵阳（四川九洲技师学院）
		机电一体化技术	眉山（眉山工程技师学院）

续表

产业类别	专业大类	专业	分布地区
第三产业 （60个）	交通运输类	汽车运用与维修	成都（省交职校）、宜宾（2个：宜宾工职校、宜职校）、遂宁（2个：遂宁高级技工学校、大英职中）、广安（武胜职中）
		航空服务	成都（**成都航空旅游职校［民办］**）
		铁道运输管理	南充（**四川省南充外国语中等专业学校［民办］**）
	文化艺术类	服装设计与工艺	广元（广元职高）、凉山（盐源职中）、南充（省蚕丝校）
		民族音乐与舞蹈(羌族文化)	绵阳（北川七一职中）
	公共管理与服务类	产品质量监督检验	乐山（省质量技术监督学校）
		社区公共事务管理	成都（成都天府新区职业学校）
	医药卫生类	护理	成都（成铁卫校）、广元（广元利州中专）
		医学检验技术	南充（南充卫生学校）
		中医康复保健	内江（省内江医科学校）、成都（省针灸学校）
		藏医医疗与藏药	阿坝州（四川省阿坝卫生学校）
	财经商贸类	电子商务	德阳（**中江县职中［民办］**）、资阳（乐至县职高）、泸州（泸职校）、达州（省电子商务校）、内江（内江市高级技工学校）
		会计	南充（南充中等专业学校）、自贡（自贡职校）
		物流服务与管理	成都（成都工程校）、遂宁（遂宁船山职校）
	信息技术类	计算机平面设计	泸州（江阳职高）、自贡（自贡职校彩灯方向）、德阳（什邡职专）
		计算机应用	乐山（**乐山计算机学校［民办］**）、成都（成都礼仪职中物联网方向）、雅安（汉源县职高农村电商方向）
		电子技术应用	成都（成都电子信息校）、宜宾（宜宾工职校）、眉山（**眉山电子职业技术学校［公办民助］**）
		数字媒体技术应用	成都（青苏职中）

续表

产业类别	专业大类	专业	分布地区
第三产业 （60个）	旅游服务类	旅游服务与管理	宜宾（长宁职校）、广安（武胜万善职中）、德阳（绵竹职中年画方向）、巴中（南江小河职中）、绵阳（绵阳游仙职校）
		高星级饭店运营与管理	巴中（**平昌通用职业技术学校[民办]**）、成都（3个：省旅游校、都江堰职中、中和职中）
		烹饪	成都（都江堰技工学校）
		中餐烹饪与营养膳食	泸州（泸职校）、成都（2个：省商务校、财贸职高）、攀枝花（攀枝花经贸旅游校）、绵阳（绵阳职校）
	教育类	学前教育	南充（南充师范学校）、成都（成都现代职中）、阿坝（威州民族师范学校）
	休闲保健类	美容美发与造型	成都（**四川科华技工学校[民办]**）
	轻纺食品类	服装制作与生产管理	自贡（荣县职高）
	目录外专业	档案管理	雅安（省档案校）

三、搭建"贯通一体"的层次布局

贯通培养是专业建设人才供给的重要趋势。中职专业建设的高质量发展不是职业教育人才培养的"终点"，而是现代职业教育体系构建的"根基"。四川省中职示范（特色）专业建设立足破解中高职衔接局限于学制衔接等外延与粗线条的衔接难题，发挥内涵性衔接的优势，以示范（特色）专业建设为抓手，通过政策引领等外部手段与专业设置、培养目标对接等内部要素的贯通与衔接，构建中职与高职"手段+内容"的衔接合作模式，实现在教育内容、教育体制等方面相互承接、相互分工，以形成一种有机的结合状态。遵循专业建设"回应需求"的发展思路，贯通培养目标定位与培养制度，实现就业和升学的双重选择，满足人民群众接受职业教育的需求，同时满足经济社会对高素质劳动者和技能型人才的需求。通过不同层次、不同职业学校之间的顺利承接，优化特色技术技能专业，增强职业教育的特色性与吸引力。此外，遵循职业教育的基本育人规律循序渐进，在课程设置、教育内容、教学方式上实现贯通衔接，有效推动职业教育内部的衔接和延伸，旨在建立健全四川省现代职业教育体系，形成贯穿一体的职业教育体系。

四川省示范（特色）专业建设项目学校以"专业"为出发点，以"专业类"为依托，与高职院校结对建立"中高职衔接合作学校"，实现在战略、标准、师资、教材、教科研五个领域的"五类贯通"。具体而言，紧密结合区域发展和产业升级，提升人才供给的规格与品质，院校共同联合行业企业确定人才培养定位，实现"战略共商"；突出"职业"属性，在课程构建上强化结构、层次、逻辑，构建全面系统的课程体系，重构中高职衔接专业的教学目标、课程设置、技能训练、职业标准等方面的人才培养方案，实现"标准共研"；按照"人才共享，责任共担"原则，执行常态化中高职教师"互兼、互聘"的团队建设机制，打造由中高职院校骨干教师、专业带头人、课程负责人为主体、专兼结合的优质专业师资团队，实现"师资共享"；共同开发和设计一体化课程体系，联合行业企业共同编写新型活页式教材和工作手册式教材，将新技术、新理念、新工艺融入教材建设中，实现"教材共编"；以提升师资团队水平、夯实贯通培养基础为出发点，联合开展横向课题研究及教学模式改进教研，实现"教科研共联"。

第三节 中职专业建设质量提升模式的标准构建

中职专业建设质量提升作为一项系统工程，其系列标准的输出是模式构建的核心驱动，也是精准指导中职专业建设质量提升模式构建的建设参考依据。本节主要通过四川省中职专业建设的标准构建，输出模式建构下的标准子系统。

一、奠定"三层衔接"的建设基础

标准建设是专业建设的重要突破口。四川省中职示范（特色）专业建设立足社会需求、人才培养需求、行业需求、岗位需求，形成以"三层衔接"为基本遵循的标准建构原则框架（见图 5-3-1）。即"上层对接——学标"，专业建设标准对接国家中等职业学校专业设置标准、专业教学标准主动对接学习标准，强化标准引领，坚持内涵导向，专业建设中体现科学性、规范性。"中层衔接——贯标"，坚持与四川省中等职业教育专业设置标准、行业企业标准有机衔接，促进省域中职教育专业建设贯彻落实国家有关标准，提供分层、分类指导。"下层连接——用标"，注重建设标准与中职学校发展特色及实施性专业建设方案的密切连接，在学校优化专业设置，跨专业、跨学科设置课程，构建基于复合型技能人才培养的专业教学体系等方面，用好建设标准，坚持效率效益相统一。

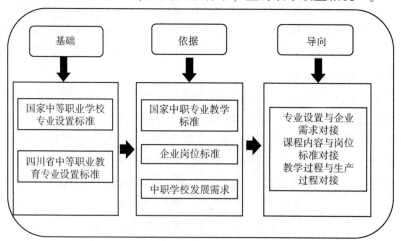

图 5-3-1 "三层衔接"的省域专业建设逻辑基础

二、输出"五类贯通"的建设标准

构建标准体系,质量是有标准的,没有标准就没有质量。四川省中职示范(特色)专业建设着眼质量提升,以专业建设项目为抓手,坚持重点突破与全面推进,协同建设出标准、出范例,在强调核心要素标准统一的基础上给予学校专业多元差异发展的空间,充分体现了国家、省和校三级教学标准体系之间的系统性、连贯性,精准地指导了学校的专业内涵建设质量提升,输出系列"底线标准"作为省域中职专业建设的基本遵循。提出专业人才培养方案编制、专业核心课程、"双师型"教师团队认定、专业教学条件建设和专业质量评价五类"规定动作"标准,输出以"五类贯通"为突破的专业建设标准(见图5-3-2)。

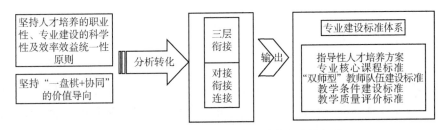

图5-3-2　"五类贯通"的省域专业建设标准

其一,输出专业建设标准方案,形成"两类指导性方案"。按照《教育部关于职业院校专业人才培养方案制订与实施工作的指导意见》的基本要求,统一专业人才培养方案编制标准,具体包括专业名称及代码、入学要求、修业年限、职业面向、培养目标与培养规格、课程设置及要求、教学进程总体安排、实施保障以及毕业要求,最终形成100个"一校一策"中职专业建设指导性实施方案,为系统推进专业建设精准施策;形成100个专业人才培养方案的参考范例,为打造中职专业建设输出四川经验。其二,输出专业核心课程教学标准,形成核心课程标准编写范例。贯彻落实教育部专业教学标准,坚持以提升课程教学质量为目标,以创新课程体系和改革教学内容为重点,具体包括课程名称、适用专业、学时与学分、课程性质、课程目标、课程内容与要求、课程实施及其他。例如,以全省专业布点排名前三的汽修类专业为样本,研制汽车运用与维修专业、汽车服务与营销专业、车身修复专业8门核心课程标准;以旅游服务与管理绵竹年画专业(特色)专业为样本,研制了绵竹旅游资源、绵竹木版年画等3门核心课程标准。其三,输出"双师型"教师队伍认定参考标准,形成实施方案和基本标准。贯彻落实国家《深化新时代职业教育"双师型"教师队伍建设改革实施方案》,借鉴吸收重庆、成都等省市"双师型"教师认定标准,形成省级"双师型"教师队伍认定程序和建设标准,包含前置条件、基础条件及专项条件,具体包含教师职业道德规范、教育教学能力和水平、专业技术技能和职教能力、教师资格条件、职业资格条件、技能大赛获奖情况、科研水平等指标。其四,专业教学条件建设标准输出，形成了专业实训基地建设指导方案和基地建设标准。贯彻落实国家专业教学标准对实训实习环境建设的基本要求，进一步指导学校厘清对专业校内实训实习室建设和校外实训基地建设的具体标准，形成实训基地建设参考标准，具体包括基础建设、运行管理、服务成效及特色创新，其中包含理念思路、设施设备、信息化建设、教学团队、管理机制、教学运行、生产运行、科研运行、人才培养、教师发展、社会服务等具体指标。其五，输出专业质量评价标准，形成了专业建设质量评价规范文件和评价标准。指导学校研制学校、系部、教研室三级质量管理制度，形成系列规范化教学文件，建立专业建设过程质量与结果质量的评价标准，引导学校树立质量管理意识，具体包括专业建设总体情况、创新人才培养模式、课堂教学改革、打造"双师型"专业教学团队、改善专业教学条件、完善质量评价体系、加快推进国际化进程以及特色与创新等维度。此外，鼓励中职学校自主创新，形成"特色标准"的建设选择。在"统一标准"的基础上强调专业建设不只采用"齐步走"的发展模式，而是在标准化的建设基础上采取多元化、多样化、特色化发展路径，根据中职示范（特色）专业建设的自身特点以及区域经济特点，结合地方人才需求探索各有特色的发展之路，鼓励中职示范（特色）专业实现特色发展。在项目立项建设过程中，力求引导示范（特色）专业建设实现标准与特色之间的优势互补、整体提升，弥补由于同一化、低水平、低层次的整齐划一发展所导致的专业建设同质化问题。鼓励中职学校结合自身发展优势和现实诉求，联合行业企业、科研机构等共同研制开发"特色标准"，自主设定特色化建设"自选动作"，在国际交流合作、社会服务供给等方面探索新做法、蹚出新路子、开发新成果，形成标准化建设之外的"一校一策"个性化建设方案。

三、突出"效益增量"的建设评价

发展中等职业教育对国民经济社会无疑具有非常重要的意义，而重视中等职业学校的专业建设无疑又是发展中等职业教育的重中之重。对专业质量的正确客观评价，分析中等职业学校专业建设的质量状况，分析存在的问题，无疑具有非常重要的意义。其中，构建科学合理的专业质量评价指标体系，又是构建评价体系非常重要的基础工作。专业质量评价的指标体系是专业质量标准的具体体现，专业质量标准是在技术上寻找观测点，研究确定对专业质量进行记录、量化、比较，以评价专业质量的指标。因此，建立健全中职专业建设验收指标体系，不是孤立地利用某一个方面因素的合格性评价，而是从不同方面、不同维度出发，突出示范性、引领性、辐射性、带动性的"效益增量"评价，强调标志性成果在项目建设中形成（开发、研究）的有价值、有创新、有特色、可推广、可示范的作用。这意味着专业质量的评价标准不仅要立足于社会需要，从职业教育的特点出发，始终将社会需要的评价标准作为专业质量指标确定的基本依据，而且要立足于中等职业学校实际，客观地对待中职专业建设在新时代高质量中职学校建设背景下，对于中职教育基础性地位巩固的现实尊重。

　　四川省教育厅、四川省人力资源和社会保障厅、四川省财政厅联合发布的《四川省中等职业学校示范（特色）专业建设计划项目检查验收指南》，以任务书中对于人才培养模式改革、课程教学改革、"双师型"专业教学团队建设、专业教学条件建设、质量评价体系建设、国际化推进进程等六大建设任务完成情况为基础，注重对于项目取得的标志性成果、项目示范与辐射、对产业和区域经济的贡献度、服务脱贫攻坚等国家战略情况建设成果与创新经验的总结，注重人才培养情况、职业培训情况、实训设备利用率、对学校其他专业建设的示范引领作用、校外示范辐射作用、教科研成果等方面的建设效益，注重反映项目建设对学校整体发展的带动作用，注重体现项目建设对区域经济社会发展的贡献度和所产生的示范引领、带动辐射作用。同时，关注项目学校对《国家职业教育改革实施方案》和《四川省职业教育改革实施方案》的贯彻落实情况。项目验收评价具体包括一级指标、二级指标、内涵及标准主要观测点，通过基础分加特色与创新加分的形式对于专业建设内涵质量标准进行客观性评价（表5-3-1）。

表5-3-1　四川省中等职业学校示范（特色）专业建设项目验收评价表

一级指标	二级指标	内涵及标准
1. 项目建设总体情况	1.1 工作机制与举措	学校设有专门的项目实施组织机构，落实职责；制定实施办法和资金管理办法；项目建设任务分解，挂图作战、责任到人，有工作制度、保障措施等；规范过程管理，加强考核监督
	1.2 主要任务完成情况	按进度完成建设任务，实现预期目标；关键指标增量明显，具有显著优势和特色；项目中省资金规范、绩效突出，地方支持及学校自筹资金到位、规范有效使用
2. 创新人才培养模式	2.1 专业动态调整机制建设	切实做好行业企业需求调研，建立专业随产业发展的动态调整机制；建立由学校、行业、企业、科研院所等专业技术骨干或专家组成的专业建设指导委员会，并形成工作机制；制定了本专业近三年或五年发展规划，规划翔实，可操作性强，有专业群发展的思考
	2.2 深化校企合作协同育人模式改革	体现产教融合，协同创新；校企合作形式多样，企业参与度高，校企合作育人机制有突破；积极参与现代学徒制试点、企业新型学徒制、订单培养、1+X证书制度试点、第三方职业技能等级认定
	2.3 落实立德树人根本任务	落实立德树人根本任务，贯标制订人才培养方案，专业人才培养方案应体现专业教学标准规定的各要素和人才培养的主要环节要求；促进学生德智体美劳全面发展，育人质量成效显著

续表

一级指标	二级指标	内涵及标准
3. 深化课程教学改革	3.1 课程体系建设	课程体系设计应有企业或行业专家参与，体现工学结合，呈现培养目标的具体步骤；开齐开足国家、省规定课程，实践教学课时数不少于总学时数的50%；立足最新行业标准、职业标准、技术标准和岗位规范，优化课程结构，更新课程内容，创新创业教育融入课程体系设计方案
	3.2 课程改革与建设	联合行业、企业专家共同开发专业核心课程，有机渗透技能大赛标准；专业课程改革与管理体现校企合作、工学结合，教学内容实现职业性与专业性融合；课程思政与思政课程同向同行，实训课程设置合理，满足专业实践教学需要；教材选用规范，开发创新型教材（活页、工作手册式等）
	3.3 课堂教学改革	落实教学常规管理，教学评价、管理规范，推进实习实训规范化，课堂教学效果好；推行面向企业真实生产环境的任务式教学模式；有效开展实践性教学，实现实训内容与企业典型岗位标准相对接；充分运用信息化教学手段开展教学、实施课堂教学评价，教师的信息化教学水平有较大提升
	3.4 数字课程资源建设	积极开展数字课程资源开发，引进优质课程资源，建设专业课程资源库，搭建课程资源管理平台；数字课程资源数量能基本满足核心课程的教学需要，课程资源利用率较高
4. 打造"双师型"专业教学团队	4.1 专业带头人培养	有1~2名专业带头人；专业带头人理念新，精通本专业教学业务和专业核心技能；专业带头人有较强的教学科研能力，有标志性成果
	4.2 专业教学团队	教学团队结构优化、梯队合理，素质优良；教学团队教学科研成果丰硕，育人成效突出；教师培养培训机制健全，"教练型"教学名师、专业带头人、中青年骨干教师培养等落到实处
	4.3 "双师型"队伍建设	积极探索"双师型"教师培养模式，成果成效明显，具备"双师型"素质的教师数量增多；落实教师企业实践制度，校企共建"双师型"教师培养培训基地；构建校企人员"互聘、互兼"双向交流合作机制，企业人才承担专业课程教学和实践教学任务

一级指标	二级指标	内涵及标准
5. 改善专业教学条件	5.1 校内外实训基地建设	建立与行业企业技术要求、工艺流程、管理规范、设备水平同步的实习实训装备标准体系；校内实训基地设备设施符合装备标准要求，功能完善，工位、数量充足，满足教学和生产要求，设备设施使用利用率高；加强虚拟仿真实训及教学环境建设，利用信息化技术手段，推动优质信息资源共享；校企合作共建共享生产性实训基地，校外实训基地建设满足实习实训要求
	5.2 实训教学环境建设	构建具有鲜明职业教育特色的实践教学环境；实训环境和实训过程对接企业标准；专业实训环境体现行业企业文化氛围
6. 完善质量评价体系	6.1 质量评价机制建设	建设质量评价制度与标准；注重过程评价，把学生职业道德、素养、技术技能水平等作为重要评价指标；多元评价主体参与质量评价的成果成效；推进专业教学诊断与改进
	6.2 专业人才质量评价	专业人才培养质量不断提高，促进学生职业素质、职业能力及就业（升学）质量等显著提升；区域辐射示范作用发挥明显，引领相同相近专业建设；社会认可与满意度高
	6.3 社会服务与贡献	面向社会开展培训受训人数、到款金额及社会效益；面向行业企业提供技术服务项目到款金额及社会效益；面向行业企业提供技能鉴定服务项目到款金额及社会效益；积极拓展社会服务功能，服务能力明显增强，拥有优质社会声誉
7. 加快推进国际化进程	7.1 国际交流合作	主动对接国际先进职业教育机构，在专业标准、课程标准、教材建设、教师培训等领域开展国际交流合作情况
	7.2 国际服务	配合国家"一带一路"建设，主动服务企业"走出去"需求，为"一带一路"培养和输送建设人才的举措和成效
8. 特色与创新	典型案例	在完成项目建设任务的基础之上，对照301号文件要求及国家、省职业教育改革实施方案提出的新要求，在六大任务及社会服务与贡献、积极推进1+X证书制度和三教改革等方面，具有创新性的工作措施和独具特色的成果成效，形成具有一定示范作用和推广价值典型案例（紧扣项目建设任务，反映建设成果，思路清晰、举措得当、成效显著、图文并茂、数据翔实）

第四节　中职专业建设质量提升模式的机制构建

中职专业建设质量提升作为一项系统工程，其落实保障机制是确保中职专业建设质量提升模式构建的支撑力。本节主要通过四川省中职专业建设的机制构建，输出模式建构下的支持子系统。

一、构建"横纵联动"的建设制度

制度保障是推进专业建设规范化、体系化发展的重要基础。四川省中职示范（特色）专业建设创新横向"政、行、企、校、研"多主体联动与纵向"省、市、县、校"四级管理保障系统，构建整省推进、多主体参与、各部门联动的系统化保障机制。发挥资源集聚效应，多主体协同为专业建设布局结构调整、标准开发、落实推进以及评估诊改等提供了有力的组织保障和人力保障。

横向联动方面，从传统单一教育行政部门推动的"一元结构"向多方主体共同参与的"多元结构"演进，形成由教育行政部门、研究机构、高校专家智库、行业企业、职业学校、学生及家长等利益相关方共同参与的多元结构态势。有效联动"政、行、企、校"等多主体参与，制定出有效针对四川省中职专业建设的系列政策文件。其一，政府部门高位推动。发挥政府部门主导性作用，出台政策文件确立顶层设计，足额下拨建设资金，总体保障建设全过程、全周期。其二，行业企业有效参与。引入行业标准与企业要求，细化岗位群需求，对接专业建设核心标准。其三，中职学校主动作为。以专业建设为契机，推动建设专业提档升级，实现专业设置与产业需求对接、课程内容与职业标准对接、教学过程与生产过程为导向的"三对接"。其四，科研机构科学引导。发挥科研机构智库作用，通过深入调研、专家座谈、实地走访等，充分发挥研究机构在服务决策参考中的重要智库作用，依托课题研究聚焦问题方向，通过文献梳理、政策分析、案例研究、调查走访等混合式研究方法，为政府决策提供理论及实践依据，

纵向联动方面，从"单一省级统筹"向构建"省、市、县、校"四级管理保障体系演进，形成纵向垂直的责任落实机制，实现"省级组织、市级监督、县级配套、校级执行"。其一，省级引领。省级系统组织"学标、贯标、用标"专项培训，通过系统培训、专家巡讲、学校示范等提高专业建设学校对标准的掌握能力。其二，市级监督。市级压实专业建设工作的组织、管理、支持和服务作用，为专业建设顺利开展提供有力的人、财、物保障。其三，县级配套。撬动县级配套政策、资金等资源，根据地方财力情况配套专业建设专项资金，有效提升专业建设区域内示范、辐射效力。其四，校级执行。校级层面落实"一把手负责制"原则，实施专业建设"挂图作战"，明确责任意识，确保建设周期与项目增量。

二、树立"以评促建"的建设管理

评估监测是过程及目标管理的重要手段。正所谓结果是过程的集成，过程是结果的保证，专业建设质量的评估主要是针对专业运行质量的评估。正如美国质量管理专家戴明所说："质量的改进是通过过程实现的。"因此，职业教育专业建设的评估既要关注结果评估的全面性、科学性，又要重视过程评估的适时性、调控性。通过专业评估，包括对专业建设运行的过程和结果的评估，既可以帮助中职学校找出专业建设过程中的问题与短板，又可以以此找出学校自身在办学条件、师资条件、教学管理等综合方面的优势与不足，还可以从区域以及省域层面发现专业建设的数量、质量和所培养目标与社会需求、市场需求以及个人需求的吻合以及差异程度。四川省中职示范（特色）专业建设创新采用建设和诊改联动的评估机制，质量评估体系由终结性评价的目标结果的"纵向评价"与形成性专业目标的实现过程的"横向评价"交织构成，相互之间交叉与渗透，形成实施过程与评估过程动态交错的质量提升保障机制。

四川省中职示范（特色）专业建设项目在四川省教育厅的领导下，有效发挥省教科院平台智库作用，通过组织省内外专家、学者以及行业企业技术骨干，针对不同专业类别进行"多对一""点对点"指导，精准施策实现"抓过程、强结果"，形成了"以评促建、以评督改、以评促发展"质量保障机制。其一，评估模式多元化。通过诊断与指导相结合、定量与定性评估相结合、静态与动态评估相结合、自评与专家评估相结合的"四结合"模式，考察专业历史背景和现实状态，总结专业办学积淀与基本条件，结合专业发展前景和产业结构调整方向，突出专业建设的重点和任务。其二，评估阶段多维化。开展项目前期培训、中期指导及终期验收，发挥科研机构以及专家团队的智库式指导作用，帮助中职学校找准专业发展薄弱环节，实行专家团队"一校一策"针对性指导，以培训及整改结果反哺学校专业建设改革进程。其三，评估结果多效化。坚持"扶强、扶特、扶需"的根本原则，结合学校（专业）规范办学、人才培养、课程体系、教学模式、产教融合、校企合作、信息化建设等情况，对示范校项目建设中期任务完成情况分 A⁺、A、A－、B+、B、B－、C+、C、C－九个档次进行评价，对专业建设评估认定的 A 档专业实施奖补支持，对于 C 档专业执行限期整改，并以两端促中间的办法推动整体提升。质量保障联动机制的建立，实现了建设、评估、指导、诊改全方位有机互动与结合，切实履行了"以评促建、以评督改，以评促发展"理念。

三、确立"点线面推进"的建设落实

四川省示范（特色）专业建设项目通过品牌专业打造，在经济转型、产业升级的背景下，实现专业建设从规模发展向质量提升、由粗放型外延式发展到集约化内涵式成长的转变，并通过专业品牌打造，引导中等职业学校走专业化发展的道路。在坚持"做精、做特、做强"的主线基础上，进一步完善体系、优化结构、强化特色，以专业建设为龙头带动中职学校专业教学改革，并以此为契机带动省域层面相关专业的集群式发展。

四川省中职示范（特色）专业建设项目创建了"点上示范、线上引领、面上辐射"的落实推进机制，坚持以"点、线、面"系统化专业建设实践推进模式，实现以点带线、以线带面式提升发展。其一，点上示范。有效发挥专业建设在中职学校单个专业点上建设作用，将专业建设作为职业教育发展的核心和职业学校推动内涵发展、提高办学水平与社会声誉的着力点和突破口，实现校级层面通过示范（特色）专业建设有效带动学校其他专业齐头并进的推进模式。其二，线上引领。通过专业点位建设，依据相同或相近专业集群式协同发展原则，实现全省相关专业建设线上串联式发展，尤其强调示范专业建设项目中，同个单个专业建设对于市（州）以及省域层面其他相关专业的辐射、引领与带动作用。其三，面上辐射。依托省域示范（特色）专业"全省一盘棋+协同推进"的专业建设理念，以100个专业点建设为依托，通过全省统筹与各市（州）协同推进的一体化模式，最终辐射至全省400余所中职学校质量的整体提升，实现专业建设示范、辐射功能成效最大化。

中职学校专业办得好坏是衡量一所中职学校教育教学质量的关键要素，同时也是一个地区职业教育发展水平的重要标志。从外部经济社会需求来讲，中等职业教育的专业是学校与产业、行业、企业的纽带，专业建设的好坏直接影响到职业教育适应社会、服务经济的能力。中等职业教育要更好地服务经济社会发展，就必须提高自身质量。从中等职业教育内部发展需求来看，专业建设是学校教育教学改革的突破口，是办学特色的集中体现，它决定着学校的办学理念、特色、质量与效益，以及人才培养目标的达成。抓好专业建设，是促进专业人才培养质量、教育教学水平的提高，最终实现产教结合、校企合作的双赢的关键。

四川省中职示范（特色）专业建设项目作为促进省域层面中职教育质量提升的重要抓手，紧扣依托专业建设促进质量提升的建设逻辑，形成了独具省域特色的中职专业建设质量提升典型模式，即认识层面的统一、操作层面的规范、标准层面的落实、制度层面的保障，并最终从认识层面、操作层面、标准层面、制度层面输出四川省中职专业建设质量提升的典型经验，旨在为其他不均衡发展省域中职专业建设质量提升提供参考及样板（见图5-4-1）。

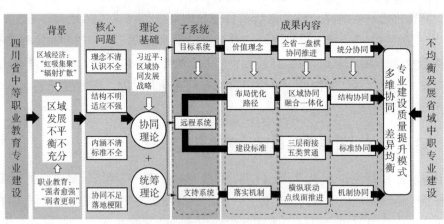

图5-4-1　不均衡发展省域中等职业教育专业建设质量提升框架

实践篇

第六章

中职专业建设质量提升模式的应用与成效

在多年专业建设研究和实践的基础上，四川省构建了"多维协同、差异均衡"的省域中职专业建设质量提升模式，模式总结提炼了省域中职教育专业建设的核心理念、专业布局结构调整路径、专业内涵建设的参考标准和专业建设的落实机制。本章梳理了省域中职专业建设质量提升的四川模式在省内外的应用与推广，总结模式的实践成效，宣传四川职教品牌、展示四川职教形象。

第一节　中职专业建设质量提升模式的应用推广

全省中职专业建设改革研究与实践，不仅为教育行政部门决策提供参考依据，而且其系列标准等研究成果在全省 100 多所中职学校应用，为全省中职学校专业建设质量提升提供了可参考、可借鉴的实践路径。

一、中职专业建设质量提升模式的应用

（一）服务政府教育行政部门决策

省域中职专业建设质量提升的四川模式为全省示范（特色）专业项目建设提供了基本参考和决策依据。2016 年，受教育厅委托，四川省教科院研制四川省中等职业教育"十三五"发展规划，明确提出在"十三五"期间四川省实施中职示范（特色）专业建设计划，重点支持建设 100 个服务能力强、特色鲜明、制度创新、引领发展的中职示范（特色）专业点，推动全省中等职业学校专业建设水平整体提升。同年，为了更好地搭建与产业发展相平衡的中等职业教育专业结构和布局，专门成立了专业设置分析课题小组，课题组在研究梳理专业布局结构和内涵发展现状的基础上，撰写发布《全省中职教育专业设置分析报告》，为教育厅职教处指导地方通过调结构、重建设提升专业建设育人质量提供了数据参考。2017 年，在前期调研和研究的基础上，为了进一步坚持质量导向、标准引领，推进专业内涵建设，课题组通过梳理前期研究成果，成功立项四川省科研资助金重大科研项目——四川省中职示范（特色）专业建设标准研究，在课题实施过程中，进一步厘清了专业建设的核心要素，如指导学校围绕创新人才培养模式、深化课堂教学改革、打造"双

师型"专业教学团队、改善专业教学条件、完善质量评价体系、加快推进国际化进程等核心要素开展专业建设；明确了专业建设的实施主体，如提出专业建设要坚持"省级引导、市县为主、行业参与、校企合作、学校实施"的原则，采取省级、市县（省级部门）和项目学校分级管理的方式，以学校管理为基础，市县（省级部门）管理为主，并将相关研究成果征求省内多所职业学校以及职教专家的意见。

2018 年，为了推进研究成果转化落地，更好地服务教育行政决策和学校专业建设质量提升，课题组总结前期研究成果，并结合四川省中职学校专业建设的实际情况，撰写《关于实施中等职业教育质量提升工程的通知》《关于实施四川省中等职业学校示范（特色）专业建设计划的通知》和《四川省中等职业学校示范（特色）专业建设计划项目管理办法》等中职示范（特色）专业建设项目实施规范性文件，最终被四川省教育厅职教处采纳，分别以川教〔2018〕61 号、川教函〔2018〕301 号、川教函〔2018〕140 号等文件下发，文件首次明确省、市（州）等教育行政部门、人力资源和社会保障部门与财政部门的专业建设管理职责，以及学校举办者和学校的专业具体职责，为教育厅职教处推进示范（特色）专业建设提供基本参考和决策依据。此外，课题组通过撰写中期指导报告，为加强对中职示范（特色）专业过程管理提供参考。

（二）指导学校专业建设的具体实践

省域中职专业建设质量提升的四川模式指导全省 100 个中职示范（特色）专业建设项目学校的具体实践。2018 年 5 月，着力"点上突破"，全省中职示范（特色）专业建设项目正式启动，并于 2018 年 7 月立项了南江小河职中等第一批 30 个专业点，2019 年 4 月立项了自贡职业技术学校等第二批 32 个专业点，2020 年 4 月立项了冕宁县职业技术学校等第三批 38 个专业点，共分三批立项了 100 个示范（特色）专业点。

课题组着手重点从人才培养模式改革、课程教学改革、"双师型"专业教学团队打造、专业教学条件改善、质量评价体系建设入手，并于 2018 年 9 月 17 日—18 日、2019 年 1 月 13 日—14 日、2020 年 1 月 6 日—7 日，针对全省示范（特色）专业建设学校开展了 3 次全省中职学校"一校一策"示范（特色）专业建设方案、任务书立项培训。同时，为了摸清示范（特色）专业项目建设现状，进一步推进项目建设、提高建设质量，于 2018 年 10 月 10 日—11 日、2019 年 10 月 21 日—31 日、2020 年 9 月 22 日—30 日，召开了省级示范（特色）专业建设调研指导推进会，着力"线、面协同"，促进专业建设质量整体提升，挖掘、提炼示范专业和特色专业典型案例。随后 2019 年 7 月 8 日—9 日、2020 年 11 月 25 日—26 日、2021 年 10 月 22 日—23 日，先后召开 3 次全省示范（特色）专业专题培训，就课题组开发输出的 5 套专业建设标准和系列专业建设范例进行分享，指导学校规范、科学地进行专业建设，带动学校、市（州）专业建设质量提升，促进全省中职学校在专业建设中转理念、调结构、强内涵、促落实。此外，2019 年 11 月下旬—12 月中旬、2020 年 6 月中旬—7 月上旬、2021 年 6 月中旬—7 月上旬，组织专家先后对全省三批示范

（特色）专业进行中期指导，解决学校在专业建设中存在的问题与困难，为形成省域实践中职学校专业建设质量提升的整体方案积累了经验和素材。

二、中职专业建设质量提升模式的推广

（一）学校层面的推广

通过示范（特色）专业点的建设，有效发挥专业建设在中职学校单个专业点上的作用，实现校级层面"标准建设+特色建设"有效推进模式，形成了一系列专业建设标准及参考范例。如根据《教育部关于职业院校专业人才培养方案制订与实施工作的指导意见》制订四川省中职学校人才培养方案编写模板及格式，并多次对全省中职学校专业建设进行培训，进一步规范学校人才培养方案的编制，整体提升了全省中职学校的专业建设水平。部分学校还以示范（特色）专业为契机，通过专业点位建设，依据相同或相近专业集群式协同发展原则，将示范（特色）专业建设成果应用于学校其他专业，实现全省相关专业建设线上串联式发展，建立高品质专业群，提升了学校专业建设的整体水平。如四川交通运输职业学校以汽车运用与维修专业建省级示范专业为基础，组建了学校高品质汽修专业群；四川省绵竹职业中专学校以旅游服务与管理专业（年画方向）特色专业为基础，组建了学校旅游服务与管理专业群，通过以专业群带动学校专业建设质量的整体提升。

（二）省内层面的推广

依托省域示范（特色）专业"一盘棋+统筹推进"的专业建设理念，全省在统筹示范专业建设计划时，在坚持优中选优的基础上，尽量做到专业覆盖全省各个市（州），同时为优化全省中职示范（特色）专业布局，避免专业重复建设，规定省级示范（特色）专业点同一专业每批次立项不能超过3个，护理、学前教育等国家控制发展专业立项建设不超过2个，同时积极鼓励支持学校申报健康养老、家政服务、民族优秀传统文化、现代农牧业等国家倡导及四川省人才市场急需领域的相关专业。所以，建设计划实施以来，分三批共立项100个专业点，其中，示范专业85个、特色专业15个，第一产业类专业点13个、第二产业类专业点27个、第三产业类专业点60个，覆盖19个中职专业大类中的15个，专业点覆盖全省21个市（州）、24个贫困县，有农村职业学校39所、民办学校8所，较好地对接服务了四川省"一干多支、五区协同"发展新格局和"5+1"现代产业、"10+3"现代农业、"4+6"现代服务业发展需要。

此外，以100个专业点建设为依托，向全省推广在专业人才培养模式方面、课程教学改革以及质量评价等方面做得比较好的经验。如2020年10月22日—23日，射洪市职业中专学校向全省介绍"'校农合作、学劳结合、双向发展'现代农艺技术专业人才培养模式研究与实践"，泸州职业技术学校向全省介绍"研学并进，打造高水平教学团队，培育'三品'烹饪专门人才"的经验；南江县小河职业中学向全省介绍"专业建设过程中全方

位全过程人才培养质量评价体系的构建"经验，通过这些经验介绍，让全省 300 多所中职学校学习专业建设的经验，实现专业建设示范、辐射功能成效最大化，从而带动全省中职学校专业建设的质量提升。

（三）省外层面的推广

省级示范（特色）专业建设逐步成为四川中职教育建设发展的经验。2017 年 5 月，在北京召开的全国中等职业学校专业设置管理工作座谈会上，课题组成员就专业设置管理工作情况做典型发言；2018 年 11 月 17 日，在重庆奉节召开的首届职业教育服务长江经济带发展研讨会上，介绍四川省首批示范（特色）专业建设的管理经验交流分享；2019 年 11 月 12 日，在陕西西安召开的首届西部职业教育论坛上，介绍四川省示范（特色）专业建设的相关经验分享。

项目学校之一的四川省交通运输职业技术学校通过专业建设在省内外同类院校产生了积极的反响，吸引了贵阳市交通技工学校、山西交通技师学院、湖南郴州交通工业学校、广州交通运输学校、西藏拉萨第一职业中学、江苏省交通技师学院等 10 余所学校来参观学习。四川省绵竹市职业中专学校绵竹年画艺术工作坊在苏州参加全国第六届中小学生艺术节展演，荣获全国艺术实践工作坊一等奖，德阳市十佳中职生伴米约尔格在展演现场为国家教育部原部长陈宝生介绍绵竹年画。

第二节　中职专业建设质量提升模式的成效

历时 5 年的中职学校专业建设改革研究与实践，不仅对全省中职学校专业设置、管理、建设等进行了规范，而且为学校专业建设提出了明确的要求和指导性意见，各地各校认真贯彻落实，因地制宜，采取诸多有效措施，自觉抓好专业建设工作，取得了明显成效。

一、形成了"全省一盘棋+协同推进"的专业建设理念

按照教育部《中等职业学校专业目录（2010 年修订）》和《四川省中等职业学校专业设置管理办法（试行）》，建立和完善了全省统一专业设置管理制度，进一步加强对专业信息的审核、备案，及时向社会公布具有招生资格的中职学校及专业名单。自 2013 年以来，已连续 10 年面向社会及时公布四川省具有中等职业学历教育招生资格的学校及专业，目前专业审核、专业备案等措施已经成为四川省中职专业设置管理的一项重要制度，成为专业设置"全省一盘棋"的有效措施。

压实市（州）教育行政部门的专业设置审核、管理责任，督促各市（州）教育部门依据当地经济社会和产业发展，结合学校办学条件、办学质量和办学效益等实际情况，核定学校举办的专业和新增专业，调整优化专业布局、整改"空、小、散、弱"专业，提高

了专业设置管理的及时性和有效性，降低了专业设置的盲目性，形成了市（州）"协同推进"的管理机制。此外，通过明确省、市、县及学校相关部门的职责权限，规范各主体专业建设的管理、建设行为，形成全省统一标准，"市、县协同推进"的专业设置及专业建设格局。以推进示范（特色）专业建设项目为例，教育厅、人力资源和社会保障厅、财政厅等省级相关部门负责制定项目专业建设相关政策规定和管理办法；市（州）教育、人力资源和社会保障、财政部门等相关市（州）行政主管部门，按照四川省专业建设相关要求，组织本地区学校项目专业的申报、预算和推荐工作，负责指导、检查、监督本地区学校项目专业建设等相关工作；项目学校及法人代表作为专业建设的主要责任人，设立专门机构具体负责本校项目专业建设的规划、实施、管理和检查等工作。

二、打造了一批省内一流、国内知名中职品牌专业

示范（特色）专业启动以来，共建设 100 个示范（特色）专业点，其中第一产业类专业点 13 个、第二产业类 27 个、第三产业类 60 个，覆盖 19 个中职专业大类中的 15 个；专业点覆盖全省 21 个市（州）。通过示范（特色）专业建设，学校逐渐找到自己的办学特色，并结合自身的优势，逐渐打造出一系列的中职品牌专业，这些品牌专业有的体现在传承非遗的中国传统文化上有特色，有的体现在服务地方产业发展上有特色，有的体现在开展社会服务上有特色，有的体现在对外交流合作上有特色。如荣县职高的服装制作与生产管理（扎染方向）、自贡职业技术学校的计算机平面设计（彩灯设计与制作方向）、北川羌族自治县七一职业中学的民族音乐与舞蹈专业建设，成为四川省中职传承非遗文化品牌；四川省苍溪县职业高级中学的现代农艺技术专业（猕猴桃方向）、四川省绵竹市职业中专学校的旅游服务与管理（年画方向）、四川省贸易学校和四川省旺苍职业中学的现代农艺技术（茶学方向），成为四川省中职服务地方经济产业发展的品牌；广元市利州中等专业学校的护理专业，与市人力资源和社会保障局、市妇联联合开展保育员培训，打造广元市护工培训中心，成为四川省中职开展社会服务的品牌；泸州建校建筑专业学生走出国门就业、四川省成都市中和职业中学学生出国留学，成为四川省中职国际交流合作的品牌。

三、优化了全省中职专业建设的布局结构

完善专业对接产业发展动态调整机制，主动布局"5+1"现代工业、"10+3"现代农业、"4+6"现代服务业相关专业，支持新增新兴产业和社会民生紧缺的专业，淘汰与产业匹配度不高、过时过剩的陈旧落后专业，打造区域优势特色专业群。支持每所中职学校重点建设 2~3 个与区域支柱产业、特色产业发展相适应的主干专业（群），并逐步扩大主干专业（群）招生规模。督促各市（州）教育行政部门加强科学管理，建立专业预警机制，结合区域人才需求，每年公布一批规模过大、布点较多、就业率较低、供大于求的专业作为预警专业，指导辖区内中职学校做好专业设置规划，避免专业同质化发展。引导学

校根据自身条件，围绕四川省产业优化升级和社会发展需求，指导学校科学合理设置和调整专业，大力发展面向战略性产业需求和新兴产业的相关专业，停招或撤销与地方产业相关度低、重复设置率高和就业率低的专业点，新增专业点主要瞄准新产业和新业态，集中在与互联网、物联网等应用技术相关的新产业以及老年服务、康复治疗、社区管理等与民生密切相关的领域，专业设置与市场需求契合度不断提高。2020年，全省新增健康养老、家政服务、民族传统文化等国家倡导及四川省人才市场急需领域的相关专业20余个，对接四川省"5+1"现代工业、"10+3"现代农业、"4+6"现代服务业的专业开设率达50%以上，对连续3年排名前5的学前教育、计算机应用、汽车运用与维修等专业实行预警，原则上不再增设；淘汰重复开设、学生就业率较低的专业近500个。2020年，全省中职专业布点2 734个，覆盖全部19个专业大类、223个专业；增设重点产业和新兴产业紧缺的中职专业207个，撤销淘汰与产业匹配度不高、过时过剩的中职专业96个，有效辐射带动全省专业建设质量提升。

四、推动了全省专业建设基础能力和内涵质量不断提升

专业办学条件改善明显。"十二五"期间，省级财政共安排中职基础能力建设专项资金17亿元，各地也不断加大资金投入，促进了专业实训设施的不断完善，信息化水平不断提升，专业基础能力不断夯实。"十三五"期间，通过中职示范（特色）专业建设，累计投入专业建设专项资金达5.35亿元，大幅改善了项目学校专业办学条件。此外，鼓励不同隶属关系、相邻区域的中职学校资源整合，鼓励生源充足、就业不充分的中职学校强强联合、做大做强，支持省属学校根据行业发展的需要进一步凸显行业办学优势与特色，这些举措有力地改善了中等职业教育的外在形象。

专业内涵建设强势推进。各中职学校以示范（特色）专业建设为抓手，围绕创新人才培养模式、深化课程教学改革、打造"双师型"专业教学团队、改善专业教学条件、完善质量评价体系和加快推进国际化进程等进行专业建设，涌现出了一大批成果。如蒲江职中立足于中德项目，积极探索实施校、企、中心三元育人模式，建设机械加工技术领域优质数字资源库，打造线上学习平台；宜宾市南溪职业技术学校依托校办企业，以主要产品射钉枪为载体，基本形成了"产学研"一体的人才培养模式；南江小河职中实施"双轨并行"人才培养模式，AB岗轮训教学模式改革、"一专两院"（巴中村政学院、巴中土鸡技术产业研究院）；成都市工程职业技术学校学习德国课程开发理念，借鉴高职示范校建设经验，形成了适应物流产业技术发展、独具特色的课程标准集、教学方法案例集；四川省旅游学校建立了"双师型"教师培养机制，允许校企人员互聘共用，双向挂职，具有一定的引领性和示范性。

五、增强了中职专业服务地方经济社会和产业发展能力

通过专业建设，2020年全省中职学校开设专业200多个，专业点2 700多个，基本覆

盖四川省国民经济各领域，基本具备了大规模培养高素质劳动者和技能型人才的能力。全省中职教育每年毕业学生 30 多万人，其中 80% 以上获得了职业资格证书，毕业生就业率连续多年保持在 96% 以上，一半以上的毕业生在本地就业，中等职业学校毕业生成为支撑中小企业集聚发展、区域产业迈向中高端的生力军，有力助推了产业升级和经济增长，服务地方经济社会发展的能力显著增强。2020 年，中职三次产业专业布局结构（4.7：21.4：73.8），与四川省 2020 年前三季度地区产业结构（14.1：36.3：49.6）契合度相比 2019 年逐步提升。同时，为服务四川省"5+1"现代产业体系、"10+3"现代农业体系和"4+6"现代服务产业体系，积极引导职业学校开设相关专业，目前全省共开设相关专业 186 个，开设率达到 59%，为构建四川特色现代产业体系提供了有力的人才支撑。

此外，通过专业建设，中等职业学校服务意识、服务能力不断增强，对接区域产业，服务地方经济成效初显，为区域经济社会发展做出了应有的贡献。尤其是部分特色专业精准对接区域特色产业，在乡村振兴和传承民族优秀传统文化等方面起着重要作用。如甘孜职业技术学校成立师生协同畜禽疫病诊疗小组，开展送技术下乡共计 20 余次，持续为 5 家畜禽养殖专业合作社提供技术支持，开展"结对认亲"走访、电话慰问 340 余次。四川省邛崃市职业高级中学两年累计为区域企业培养具有酒类专业知识的邛酒品牌推广销售人才 142 名，并通过酒道文化馆，传承邛酒文化，开展留学生、市民及专业学生的游学体验活动，服务 2 063 人，帮助市民将生活知识与社会实践相结合，提升市民对市场经济的认知水平，增进市民对食品生物工艺专业、邛酒文化的了解。成都铁路卫生学校通过"三化"实训基地，拓展社会服务功能，利用专业仪器设备和师资开展职业技能培训，对社区居民和中小学生进行生命教育、养老护理、急救技能等培训，培训 2 820 余人，使受训者掌握最基本、最关键的自救、互救技能，提高了社区居民的健康意识和科学素养。

六、提供了省域中职专业建设的参考范例

四川区域发展不平衡不充分的特征比其他省份都明显，区域经济呈现出"虹吸集聚"与"辐射扩散"并存的状况，职业教育发展呈现出"强者愈强"与"弱者更弱"并存的现象。基于此，课题组以省级示范（特色）专业建设历程为抓手，依托协同理论，从目标系统、过程系统、支持系统出发，构建了"多维协同、差异均衡"的不均衡发展省域中职专业建设质量提升模式，并逐步凝练为不均衡发展省域中职教育发展经验。2018 年，课题组在教育部职成司做汇报交流；2019 年，课题组在陕西西安、重庆奉节等地做经验分享，为外省专业建设实践提供了参考范例；2021 年，课题组在第二届西部职教论坛做主题发言，在重大活动中宣传推广，并出版《省域示范专业建设经验成果集》。此外，课题组在《中国职业技术教育》《职业技术教育》《教育科学论坛》等杂志发表论文 10 余篇，成果并被四川教育电视台、当代职校生、魅力职教、四川省教育厅官网等主流官方网站报道。

第七章

中职示范专业建设的实践

在"多维协同，差异均衡"的省域中职专业建设质量提升的四川模式的指导与引领下，依托四川省示范（特色）专业建设项目，分三批共立项 85 个示范专业点。经过 5 年的实践，各项目中职学校转变专业建设理念，重塑专业建设标准，落实专业建设路径，坚持以服务为宗旨，以就业为导向，以主动适应区域经济社会发展需要为出发点，以培养具有创新精神和实践能力的高素质劳动者和技能型人才为着眼点，以校企合作为平台，以人才培养模式创新为切入点，以课程体系构建与教学内容改革为突破口，以"双师型"师资队伍建设、实训基地建设为支撑，以增强社会服务能力为落脚点，坚持创新性、规范性与示范性的统一，充分发挥示范专业对相关专业的示范与带动作用，推动人才培养模式综合改革，形成专业间的共享机制和联动机制，最终带动全省中等职业学校专业建设整体水平稳步提高，实现全省中职学校人才培养质量的整体提升。

经过省示范专业建设，四川省涌现一批四川一流、国内有较大影响的品牌专业。其中，四川省苍溪县职业高级中学现代农艺技术专业、四川省蒲江县职业中专学校机械加工技术专业以及四川交通运输职业学校汽车运用与维修专业分别紧密对接一产、二产、三产发展需求和趋势，特色鲜明、办学水平高、就业质量好、服务能力强，特别在校企合作、工学结合、人才培养模式改革等方面成效显著，助推区域经济发展的同时，充分发挥示范引领作用，实现中职学校的内涵发展。

第一节 现代农艺技术示范专业建设实践

《四川省乡村振兴战略规划（2018—2022 年）》对四川省实施乡村振兴战略作出整体部署，明确坚持把实施乡村振兴战略作为新时代"三农"工作的总抓手，按照产业兴旺、生态宜居、乡风文明、治理有效、生活富裕的总要求，统筹推动乡村产业振兴、人才振兴、文化振兴、生态振兴、组织振兴，建立健全城乡融合发展体制机制，加快推进农业农村现代化，推动由农业大省向农业强省跨越。

近年来，四川省现代农艺技术专业为现代农业的发展培养了数以万计的技术性人才，助力四川省"三农"发展以及乡村振兴，擦亮四川农业大省金字招牌。四川省苍溪县职业高级中学坚持把助力乡村振兴作为己任，扎根"梨乡"，服务"三农"，将现代农艺技术专业建成以服务区域内农业产业发展为重点，与区域内行业和产业发展需求高度契合、产教深度融合、职业教育与社会培训体系完善、教学条件领先、师资队伍结构优良、思想素质教育与专业教育高度融合并贯穿育人全程的省级特色专业，形成具有区域竞争力的德智体美劳全面发展的农业技术技能人才培养高地，成为全省服务能力强、特色鲜明、制度创新、引领发展，在全国有一定影响力的专业建设典范。

一、专业建设背景

2019 年 9 月全国产业扶贫现场会在苍溪召开，农业农村部、国务院扶贫办的领导和全国 22 个有脱贫攻坚任务省份的相关负责人对苍溪发展猕猴桃等特色产业脱贫致富的做法给予了充分肯定。"十三五"期间，苍溪县规划建成"十大"特色产业示范带，红心猕猴桃种植面积达到 50 万亩，综合产值达到 100 亿元，苍溪梨种植面积达到 20 万亩，新建（提升）现代农业园区（创业示范园）500 个以上；组建一家猕猴桃产业集团，引进培育 2 家国家级、4 家省级农业产业化龙头企业，新培育 500 家农民专业合作组织、1 000 家家庭农（林、牧）场、1 万户业主大户、10 万名新型职业农民；打造猕猴桃百亿领军产业、生猪牛羊土鸡水产百亿主导产业、中药材百亿特色产业"三个百亿"产业。要实现产业健康发展和转型升级，需要大量高素质的劳动者和技能型人才作支撑，这为现代农艺技术专业的发展提供了条件，指明了方向。

四川省苍溪县职业高级中学现代农艺技术专业自开办以来一直紧密对接地方产业，服务梨乡，在促进苍溪雪梨、猕猴桃、养殖等特色产业发展方面做出了贡献，积累了丰富的实战经验。2018 年学校被批准为四川省首批示范中等职业学校项目建设学校，争取中省资金 1 000 万元，重点打造以"农艺、农联、农旅"为骨干的"农字号"专业群。农艺专业抢抓机遇，牵头成立广元市现代农业产教联盟、苍溪县猕猴桃研究院，大力开展培训新型职业农民，从传统向科技转化，培育面向服务四川省"一干多支，五区协同"区域发展战略和"5+1"现代产业体系建设，对接现代农牧业人才领域。

二、主要做法

（一）创新"五方三段一体化"人才培养模式，切实推进产教融合

基于区域产业特色发展对专业建设的反向需求，构建产业和专业利益融合共同体。把专业的培养目标、课程体系、教学实施、技术服务、教学团队与产业的人才需求、岗位标准、生产过程、技术骨干培育紧密对接，切实把专业建在产业上，形成以学校为主导，政府部门、行业企业（园区）、科研机构、高职院校等共同参与的育人主体，紧紧围绕专业技能人才培养开展深度合作，贯通中职、高职和企业实习实践三个阶段，实现中高企一体化育人、一体化培养，实现产业用人需求和专业育人目标、产业发展平台和教学服务平台、农业生产技术保障机制和专业教学保障机制同频共振。

（二）推进"三教改革"，促进专业内涵发展

严格参照四川省专业建设标准方案以及专业核心课程教学标准等系列标准，着眼于服务地方产业发展和学生长远发展的需要，构建"双基础三方向"课程体系。以文化基础课、专业核心课为基础，拓展特色水果、中药材、循环农业等三个方向的特色课程。"政行校企研"合作共同编写《淡水养殖》《优质红阳猕猴桃栽培技术》《苍溪梨丰产栽培技术》《生态生猪养殖技术》《中药材种植》等校本教材，并开发了配套资源。

实施了"三线并进、三维互联、双课交替"的教学模式改革。坚持根据课程特色、教学内容和教学方法将"三爱三精神"和绿色发展、兴农报国、降碳环保、协调发展融入教学中。打破常规教学组织形式，教学安排随着农业生产而灵活变化，将真实情境下的农业生产过程分解为若干模块和工作任务，根据任务单把课堂搬到园区、田间地头，采用"一块基地、一门课程、一名专业兼职教师、一项农业生产全任务、一项技能大赛、一季农业效益评估"的"田间课堂"教学模式，实现了"产教融合""工学交替"落地生根，缩短了学生与职场的距离，进而实现教学目标线、工学结合线、立德树人线三线齐头并进，知识、技能、素养三个维度联合培养，学校课堂与田间课堂相互交替进行。

（三）搭建校企合作平台，促进师资队伍建设

构建了"三维度+五载体+三平台+四梯次"师资队伍培养模式。从教师师德师风、专业知识、专业能力三个维度，利用教学比赛、课题研究、技能大赛、资源建设、科技创新五大载体，依托校本研修、产教研和名师工作室三个平台，促进教师专业发展，形成了合格教师、骨干教师、专业带头人、名师等四个梯次的教师发展路径。聘请科研院所研究人员、企业技术骨干、"土专家"等兼职教师 8 名，与学校专任教师组成混合型专业教学团队，建立专兼职教师"四个一"制度，即每名教师担任一门专业课教学、参与一项农技科研项目、担任一个园区的技术顾问、指导一个家庭农场，每名教师每年到农业产业实践不少于 60 天。建立双带头人制度，一名为学校正高级教师、市农学名师，一名为果树行业领军人物、研究员，通过双带头人搭建工学结合、校企合作稳定的桥梁，建立产业和专业两个"双师型"教师队伍培养阵地，不断提升教师专业能力。

（四）创新基地管理制度，完善基础设施保障

成立了实习实训装备建设与管理小组。根据四川省专业实训基地建设指导方案和基地建设标准，结合学校现实情况，制定和完善了专业实验室建设标准、实习实训基地建设标准、实验室管理制度、实训基地管理制度。完善校内实训基地，依托校内产教融合实训中心，扩充了标本室、显微镜操作室、动物医学实训室、解剖实训室、农业机械检测与维修室，建成 20 亩产教研一体化研智慧果园。拓展校外实习实训基地，与企业、园区共建苍溪梨种植、猕猴桃种植、农旅、淡水养殖等产教融合型教学实践基地 8 个，满足了教师的

生产实践、教研科研和学生的专业实训实习的需求。

（五）探索多元教学评价，优化质量评价体系

在四川省专业建设质量评价规范文件和评价标准的引领下，学校成立专业教学质量监控机构，完善内部质量监控，持续推进专业教学诊改，探索毕业生质量跟踪调查机制，推行学生、家长、社会对专业满意度测评和意见反馈机制，定期编制并公布专业年度质量报告，为专业建设提供依据。积极探索多元教学评价模式，构建"一主四辅两段五维度"评价体系，建成结构合理的评价组织，制定科学规范、导向明确的评价标准，探索高效运行的评价方法。评价主体以职业学校为主导，农业主管部门、行业（现代农业园区）、高职院校、科研院所等四方共同参与；评价手段既有结果性评价，又有过程性评价；评价内容既涵盖学生德智体美劳五维度，又重点关注学生职业能力和职业素养。

（六）构建产业服务模式，提高社会服务功能

坚持服务地方特色农业产业的办学宗旨。依托现代农艺技术专业自身优势，充分发挥广元现代农业产教联盟和苍溪猕猴桃产业研究院（由四川省苍溪县职业高级中学牵头成立）的作用，聚焦苍溪县特色农业三个百亿产业、乡村旅游新型经营主体，重点提供特色水果生产、中药材生产、淡水养殖、观光农业旅游，以及农民专业合作社经营、管理人才培养和技术服务。与农业农村局、专业合作社合作，开展自然科学研究6项，获得专利2项，助推了特色产业发展。

加强与政府、行业、企业、园区的密切联系，对接精准扶贫，助力乡村振兴。依托校内外实训基地，充分发挥校本课程资源的功能与作用，充实社会培训师资库，推广田间课堂，开展新型职业农民培训、品牌培训、职业技能培训、创业培训、东西部劳务扶贫协作培训、技能鉴定培训和农村实用技术培训，每年培训不少于2 000人次，建成具有专业特色和影响力的社会培训基地。与县农业农村局、猕研所、现代农业园区、专业合作社等紧密协作，开展"送科技下乡"、生产问题"诊断与解决"、科技项目实施等活动，帮助农民、现代农业园区解决农业生产中的技术问题，助农增收，助力脱贫攻坚工作。

根据国家职业教育改革实施方案要求，联合本县中小学建立长效合作机制，利用职业教育宣传周，通过组织中小学生到校参观、职业教育体验、到中小学上劳动技术课与职业教育体验课等方式，开展劳动启蒙和职业教育启蒙，培养中小学生爱祖国、爱家乡、爱"三农"情怀。

三、成果成效

（一）探索了"五方五共"机制，构建产教深度融合的"四梁八柱"

四川省苍溪县职业高级中学的现代农艺技术专业与政府相关部门、企业（园区）、高

职院校、科研院所组成产教融合共同体，建立共同育人、共建基地、共用师资、共建资源、共同科研的"五共机制"，打开围墙，主动融入社会、产业，提高职业教育的适应性，更高质量地培育人才、服务社会和科研攻关（见图7-1-1）。

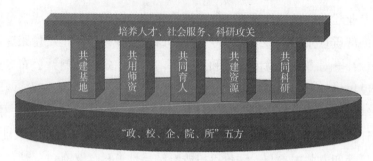

图7-1-1 "五方五共"产教融合机制框架

联合农业和教育主管部门、企业行业（园区）、科研院所，高职院校主动衔接围绕人才培养开展深度合作，共同编制人才培养方案，共同育人。在共建基地方面，中高企联动，共同组建了现代学徒制班6个，新建产教融合型实践教学基地2个，完善产教融合型实践教学基地7个。在共用师资方面，从合作企业和本地行业中聘请8名有实践经验的行业专家、技术人才和能工巧匠担任兼职教师，参与理论教学、实践教学，担任现代学徒制班学生的师傅，与此同时，职业学校有5名教师担任农业园区的技术顾问，与苍溪梨博园、猕韵农庄等企业签订技术指导协议5份，充分利用学校专任教师理论优势，深入园区、企业和农户，开展技术攻关、理论教学、员工培训等，并参与企业管理和技术应用、生产技术革新、成果咨询等活动。在共建资源方面，学校与企业行业（园区）、高职院校、科研院所合作，共同制定了18门专业课的课程标准，共建课程资源237 GB。在共同科研方面，学校与县农业农村局、县猕产局、苍溪猕研所、农业园区合作，开展省级科技项目"红心猕猴桃、苍溪雪梨种植技术与管理培训研究"、县级科技项目"红心猕猴桃主要病虫害识别与防治研究""猕猴桃溃疡病毁园重建的研究"等多个研究项目，申请专利数个，并获多个省级、市级教学成果奖。

（二）形成"三位一体"服务模式，助推地方特色农业产业发展

学校对接区域产业的发展情况，围绕产业发展困境开展科学研究与技术开发，围绕产业人才需求确定专业人才培养方向，围绕产业技术需求开展技术推广，形成了"三位一体"服务模式（见图7-1-2）。

联合政府部门、科研院所，开展科学研究与技术开发，解决产业发展难题。苍溪雪梨作为苍溪千年特产，闻名遐迩，但由于技术创新不足，苍溪雪梨品质退化、树形传统、种植技术落后等问题凸显，市场竞争力逐渐减弱。学校现代农艺技术专业教师联合县农业农村局、苍溪梨文化博览园共同拟定了苍溪县梨产业振兴方案，攻克苍溪雪梨树形限制产量品质和苍溪雪梨百年老树复壮等难题。红心猕猴桃起源于苍溪，是猕猴桃第三代换代首选品种，为全县脱贫致富做出了巨大贡献，但由于易感溃疡病，减产减收严重。专业教师联

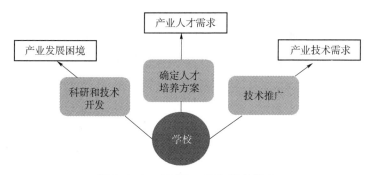

图 7-1-2 "三位一体"服务模式

合农业主管部门、苍溪猕研所，修订了猕猴桃溃疡病综合防治方案，参与全县猕猴桃低产园改造 8 万亩，有效地解决了猕猴桃产业发展中的瓶颈问题，使猕猴桃种植户平均年减少损失 2 200 元以上。

主动参与农业产业的技术推广与服务。配合县农业农村局在全县开展了土壤检测与配方施肥、病虫害统防统治等技术推广项目。作为第三方机构验收了全县 2020 年及近 3 年猕猴桃奖补项目，在全县率先推广蔬菜嫁接育苗、猕猴桃避雨栽培等产业新技术。参与改造了全县猕猴桃低产园 8 万亩，参与修订了《苍溪县猕猴桃溃疡病综合防治方案》，修订了《苍溪梨产业振兴方案》，参与了全县猕猴桃产业和苍溪梨的发展规划与技术指导，为苍溪猕猴桃产业和梨产业做出了突出贡献。

积极参与农业实用技术培训。先后开展了猕猴桃种植技术、苍溪雪梨种技术、魔芋生产技术、蔬菜生产技术、粮油生产技术、生态生猪生产技术、跑山鸡养殖技术、中华鳖养殖技术、农业机械维修技术等各农业生产实用技术培训，为苍溪三大百亿产业的健康、稳定、持续发展提供了人才和技术支撑，全县种植大户和养殖大户基本上是本专业的培训学员。两年来培训农民 7 800 人次，涉农职业技能鉴定 5 800 多人次，科技下乡 38 次，培养县级科技特派员 5 人、梨乡讲师团成员 3 人，为县域特色农业产业解决"卡脖子"技术 2 项，培育猕猴桃无病毒苗木和容器苗 200 万株，为苍溪农业产业发展、脱贫攻坚和乡村振兴贡献了力量。

（三）构建了"三五三四"教师队伍培养模式，创新打造"双带头人"领衔的教师团队

根据专业建设发展需要和教师自身发展需求，现代农艺技术专业构建了"三平台+五载体+三维度+四梯次"师资队伍培养模式。培养正高级教师 1 名，省、县名师各 1 名，市优秀学科教师 3 名，骨干教师 6 名，"双师型"教师 8 名、"双带头人" 2 名，农业技术推广研究员、高级农艺师共 11 名。教师参加四川省职业院校教师教学能力大赛（中职组），获省二等奖 3 个，"双师型"队伍建设的两项案例入选教育部典型案例。

（四）头雁引领，辐射带动专业群发展

通过开展联合教研活动、指导人才培养方案研制、帮助教学资源开发建设等方式，示范引领本校农业物联网、旅游服务与管理（农业旅游方向）、农业机械等校内专业发展，并形成"四农"专业群，通过指导专业建设、组织校际教研活动和学生技能竞赛、共建共享教学资源等形式，辐射带动了市内四所中职学校相关专业发展。

四、示范推广

（一）对学校其他专业建设的示范引领作用

以示范专业建设为抓手，推动学校学前教育、农村电气技术、汽车运用与维修、数控技术运用、旅游服务与管理（动车方向）、服装制作与生产管理、计算机应用等专业的建设，带动学校其他专业在人才培养模式、课程体系建设和师资队伍建设等方面不断改革创新，有效推进了学校各专业整体发展。

（二）校外示范辐射作用

现代农艺技术作为省级重点专业，专业特色鲜明，综合实力强，具有较高知名度和骨干示范作用，带动区域内旺苍职中、朝天职中、武连职中等职业学校涉农类专业共同发展，多次承担了市内中职学校涉农专业现场会和比武赛课任务。"农村劳动力培养研究""农村职中为地方经济发展服务的研究"等课题分获四川省人民政府教学成果二、三等奖，并在全省、全市职业学校推广。省市电视台、《教育导报》《广元日报》等各大媒体先后对学校该专业给予了宣传报道。

五、总结

四川是农业大省，自然资源丰富，自古就有"天府之国"的美誉，实施乡村振兴战略，要紧紧围绕发展现代农业，调整农村产业布局，构建乡村产业体系，催生新产业、新业态，开辟就业新途径。现代农艺技术专业就是与现代农业紧密结合的专业，四川省加强对现代农艺技术专业人才的培养，正是四川省对实施乡村振兴战略提供人才支撑的强有力保障。

四川省苍溪县职业高级中学现代农艺技术专业"五方三段一体化"人才培养模式的运行、成效的快速提升与地方政府高度重视和企业大力支持是分不开的，在"五方三段一体化"人才培养模式下，以培养学生的综合和就业竞争力为重点，引进企业元素，依托 X 证书考取和大赛，创设真实的教学场景，配以良好的基础能力建设、优秀的师资团队，必将专业人才培养提升到一个新的高度。

第二节　机械加工技术示范专业建设实践

根据《四川省"十四五"制造业高质量发展规划》，四川将全面建成"5+1"现代工业体系，发展质量效益达到全国先进水平，制造业综合实力迈进全国第一方阵，世界级制造业集群的竞争优势全面形成，成为全球制造业重要基地。四川省机械加工及装备制造业已步入快速发展时期，但机械加工技术人才缺口巨大，机械加工技术人才的培养在"量"的方面存在很大不足，在"质"的方面也存在很大缺陷。

机械加工技术专业面向装备制造、智能制造等行业一线需求，培养能熟练使用钳工加工工具、普通机械加工设备和数控加工设备对零件进行加工制造、质量检测、工艺分析的人才。由此可见，机械加工技术专业培养的人才能够精准匹配四川省制造业对高素质技术人才的需求。四川省机械加工专业所培养的人才要具备全国乃至全球制造业重要基地的重要人才支撑，就需要学习、借鉴国际先进经验，引进国际先进技术标准和人才培养理念，培养符合《中国制造 2025》要求的各层次的机械加工技术人才。其中，四川省蒲江县职业中专学校机械加工技术专业就是代表之一。

四川省蒲江县职业中专学校机械加工技术专业通过学习德国"双元制"职业教育模式，引入德国职业技术工种，借鉴德国技术考核评价体系，对接 AHK（德国工商大会）、KUKA 等国际先进企业技术标准、职业资格标准的相关内容，科学定位专业人才培养目标，校企共同制订机械加工技术专业"双元制"本土化人才培养方案，在国际交流合作中促进专业人才培养方案的共建共享。

一、建设背景

高端装备制造是四川省产值过千亿元的产业，其中一半以上的规模企业聚集在四大城市群的核心城市中，并形成了工程机械、轨道交通、汽车及零部件、航空航天装备等优势产业。"十三五"核心是把制造业尤其是先进制造发展摆在更加突出的位置，以五大高端成长型产业为引领、以传统优势产业为依托、以新经济新产业为新支撑，加快制造业高端化、智能化、绿色化、服务化发展，着力形成创新驱动四川工业发展的新格局。装备制造产业重点抓好智能制造、航空与燃机、轨道交通、节能环保装备等高端领域，着力推动制造产业提档升级，加快建设具有国际影响力的高端装备制造基地，力争到 2022 年产业规模突破 1.2 万亿元。

四川省蒲江县职业中专学校机械加工技术专业坚持以立德树人为根本，以提升质量为核心，对接产业办专业，依托行业建专业，校企协同育人才。与德国 AHK 开展合作，建有设备先进、工程环境真实的中德（成都）AHK 职教培训中心和 KUKA 机器人授权研究院等实训基地，深入学习德国双元制职业教育模式，引进德国职业技术工种评价体系，切实将德国职业教育模式进行了本土化实践。

二、主要做法

（一）建立专业建设动态调整机制

建立市场调研制度、毕业生跟踪调查制度、专业培养目标修订制度、课程改革管理制度等，紧跟先进制造业、智能制造技术进步，系统调整内涵建设。针对行业、企业对人才需求的变化，制定出科学有效的专业人才需求预测机制，建立了毕业生跟踪调查等市场调研制度，设立行业岗位监测站，建立信息分析模型，根据数据分析结果对专业进行动态调整，及时了解企业人才需求动向，实时调整人才培养目标，完善人才培养方案和课程体系，服务四川省产业升级对人才的要求。

（二）探索"三元共育"的现代学徒制人才培养模式

通过成立政、行、企、校联盟，为本专业人才培养提供优质的实践训练环境和条件，对接 AHK、KUKA 等国内外先进企业技术标准、职业资格标准的相关内容，科学定位专业人才培养目标；借鉴国际、国内先进经验，校企共同制订机械加工技术专业"双元制"本土化人才培养方案。

与合作校企联合招生、联合培养、联合促进就业，按照以立德树人为根本，以服务发展为宗旨，以促进就业为导向，以提升质量为核心的建设思路，专业办学进入产业园区，利用区域优势、园区优势，发挥"厂区化校园"优势：学校与厂区融合、厂校师资融合、厂校基地融合，为教育教学整合优质资源，探索"三元共育"的现代学徒制人才培养模式。

（三）建构工学一体化课程体系，深化课程教学改革

分析整理职业岗位群的职业能力，瞄准专业培养的目标与培养规格，建构工学一体化课程体系，深化课程教学改革（见图 7-2-1）。基于职业能力和职业标准，更新课程内容，融入新岗位、新技术、新要求，开发课程体系。

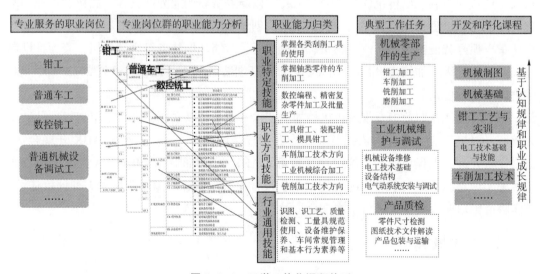

图 7-2-1 工学一体化课程体系

对接最新职业标准、行业标准和岗位规范，紧贴岗位实际工作过程，更新课程内

容，调整课程结构，深化多种模式的课程改革。加强与职业技能鉴定机构、机械加工行业企业、AHK 上海代表处的合作，积极推行"双证书""AHK 工业机械工技术头衔证书"制度。加强岗位操作训练，推行面向企业真实生产环境的任务式培养模式（见图 7-2-2）。

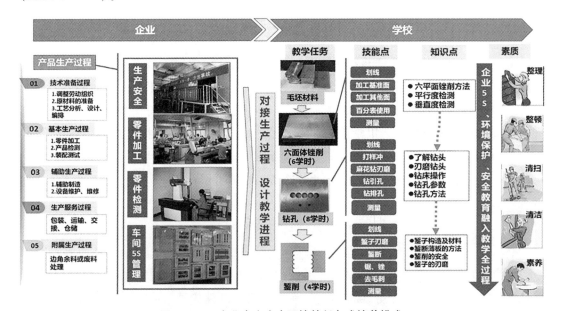

图 7-2-2　企业真实生产环境的任务式培养模式

（四）打造"双师型"专业教学团队

根据四川省"双师型"教师队伍认定程序和建设标准，以"师德师风、专业理念、专业知识、专业能力"为内容，形成了"分类别、分层次、分阶段"的"1+1+N"双师型专业教师队伍培养模式（1 门主教课程、1 门方向课程和 N 门选教课程）。

采用内培外引、专兼结合的方式，以双师、双能、双向培养的方式为建设思路，建设一支师德高尚、结构合理、教学和科研能力强、整体素质高的教学团队。专业带头人能跟踪产业发展趋势、把握专业改革发展方向，理念新、创新意识强，精通本专业教学业务核心技能。通过开展教师信息化教学能力提升培训，实现信息化教学普遍化和常态化，参与课程资源开发，教学改革实践、科研项目和竞赛等活动，培养中青年教师，打造教练型教学名师。完善教师企业实践制度，鼓励教师进企业实践，达到从教师队伍中来实现"产教融合"的目的。校企共建"双师型"教师培养培训机制，行业企业人员互聘共用，双向挂职锻炼。行业企业深度参与专业建设，实现校企协同育人。

（五）借鉴德国标准，完善专业实训条件

借鉴德国实训室建设标准，参照技能大赛实训设备要求，建设优质高效实训环境，加强理实一体数控实训中心建设，推广数字化、虚拟仿真与实际操作相结合技术在实训设施

设备中的应用，利用数控理实一体化教学设备缩小理论教学、虚拟仿真以及实际操作三者之间的距离。根据技能大赛项目技术要求，不断完善实训设备的相关辅具，提升实习实训基地装备水平，使实训基地不仅能够满足双元制人才培养的需求，而且具备承担省级以上技能大赛和高水平职业技能鉴定任务的能力。

（六）建立符合装备制造的人才培养质量控制体系

引进 AHK 工业机械工考核评价体系，考取 AHK 工业机械工技术头衔证书。建立社会第三方机构开展产教融合、校企协同育人绩效评价制度。培养学生专业技能、职业素养、学习能力、创新能力等综合素质，学生在各级各类比赛中取得优异成绩，毕业生就业质量高，社会满意度好。以学生的职业道德、职业素养、技术技能水平、就业质量、创业能力和用人单位满意度等作为质量控制重要指标，完善毕业生质量跟踪调查机制。弘扬劳模精神和工匠精神，开展专业教学诊断与改进工作，制定专业建设质量评价标准和保障体系。

（七）推进国际化进程

结合教育国际化窗口学校的建设工作，坚持扎根中国与融通中外相结合，配合国家"一带一路"建设，主动服务"走出去"企业需求，新建中德（成都）AHK 职教培训中心，探索并形成"外培内引"国际交流新模式。一是新建中德（成都）AHK 职教培训中心。该中心融入"德国双元制人才培训及模式推广、高新技术培训、产品研发及科技成果转化、创新创业人才孵化、中德多元文化交流"五项功能于一体。二是探索并形成"外培内引"国际交流新模式。"内引"：聘请德国专家驻扎培训中心指导教学，指导教法、开发学材、制定考核。"外培"：组织开展 AHK 双元制教学模式师资培训，选派 35 名优秀学员赴德国学习，对比教法、学法、标准、开阔视野。组织开展 2017 级、2018 级 AHK 工业机械工技术头衔考核鉴定；举办中德挑战赛，进行技术交流、文化交流、以赛促教、以赛促改。

三、成果成效

（一）德国标准本土化提升人才培养质量

对接 AHK、KUKA 等国内外先进企业技术标准、职业资格标准的相关内容，科学定位专业人才培养目标，确定学生职业能力标准，开发适应岗位需求的课程，制定学生考评办法。通过工学结合、顶岗实习等方式培养让企业满意的技能型人才，使"三元共育"的现代学徒制人才培养模式更加完善，基于现代学徒制，培养"懂设计、强工艺、会操作、精装配"高素质技能人才，培养模式全方位创新。

目前在校生规模 331 人，近两年毕业学生 110 人。其中，对口升学 78 人，对口就业

32 人。参加技能大赛，获省一等奖 1 次，市一等奖 6 次，市二等奖 8 次，市三等奖 16 次，其中进入 46 届世赛省集训队 2 人。

（二）"1+1+N" 双师型培养模式促进教师队伍素质提升

通过"分类别、分层次、分阶段"的"1+1+N"双师型专业教师队伍培养模式，采用通过学历进修、国际交流、企业挂职培养、专业技能提升培训等方式，使教师的教育理念更加先进，专业教学能力和实训指导能力明显增强，现代信息技术运用能力普通提升。近年来，学校教师先后在全国、省职业院校教师教学能力比赛、成都市机械类教师技能大赛等比赛上获奖；多名教师考取国家级数控加工技术裁判员；多名教师荣获"成都市技能大师"、蒲江县"优秀青年教师"等称号；专业带头人在全省第二批、第三批示范专业建设项目大会上作主题交流发言和培训授课；专业骨干教师受邀参加各级技能大赛裁判员、专家工作。

（三）社会服务能力明显增强

通过项目建设，专业办学实力增强，每年为社会输送机械加工技术专业技能人才，为地方经济发展提供技术技能人才支撑。同时，专业还为职教集团内部成员和其他开设同类专业的中职学校提供技能培训和技能鉴定服务。两年来，开展各级各类培训，共培训 3 854 人，其中为企业开展学徒培训、技能提升培训和技能鉴定培训，共计培训 1 800 人，培训在校本科、大专学生 2 000 余人。同时学校继续教育中心创新"互联网+培训"模式，为社会成员的个性化学习需求提供支持。

2020 年新冠肺炎疫情期间，安排师生 29 人到园区帮助企业复工复产生产。协助工信部、成都市教育局、成都市人力资源和社会保障局、成都市总工会等政府部门，承办 2018 年第二届蒲江杯中德对抗赛、2019 天府工匠杯竞赛、2019 成都市中职学校工业机器人竞赛、2019 成都职业技能邀请赛、2020 天府工匠杯工业技能竞赛、2021 年四川省中等职业学校技能大赛、2021 年四川省智能制造职业技能大赛。

承办市级会议 4 次，即 2018 年成都市教育科学研究院组织开展的中职学校校企合作招生就业研讨会、2018 年成都市汽车职教集团年度总结会、2019 年成都市现代学徒制试点工作推进会、2019 年四川省职业教育与成人教育学会各分支机构交流学习会。配合县级各部门参与承办各级各类会议，参加了中德（成都）职业教育委员会第二次会议、中德工业 4.0 暨全球采购大会、2018 年都江堰国际论坛职教分论坛、北京洪堡论坛成都论坛蒲江2018 国际会议、2018 中德创新峰会等 5 次国际会议。

（四）多种国际交流活动，提升国际化水平

与德国多特蒙德就业促进培训中心建立友好学校关系定期开展交流互访，形成了国际交流理念。通过选派骨干教师赴德学习、考试获得德国相关行业的资质和证书，借智打造

"MASTER" 级教师团队。每年定期组织一批通过考试的学员赴德国交流学习，建立学生国际交流学习的机制，让学生到国外进行相关的交流学习，拓展学生的国际化视野，学习相关知识、技能，增强国际竞争意识，提升学生专业能力、学习能力和社会能力。引进本行业专家到学校进行教学和经验交流，引进国际化的教学理念、教学标准、专业技术，师生接受国际化教育，提升国际化水平。

四、示范推广

（一）对学校其他专业建设的示范引领作用

以示范专业建设为抓手，推动学校汽车运用与维修、电子商务、建筑工程施工等专业的建设，在校内开展说专业建设、说课程等活动，带动学校其他专业在人才培养模式、课程体系建设和师资队伍建设等方面不断改革创新，有效推进了学校各专业整体发展。

（二）校外示范辐射作用

在建设过程中通过不断学习、实践、探索、创新，本项目取得了一定的建设成效，在第二批、第三批示范专业建设项目培训会中，作多次经验交流、汇报。接待眉山、简阳、广元、乐山等示范专业学校到校实地考察、交流经验做法；近 400 家企业、职业学校、社会团体和党政机关来参观考察；承接中小学校的劳动教育实践课、开展中小学生职业启蒙教育活动，惠及 1 500 余人次，研学旅行实践达到 1 100 人。

五、总结

四川省蒲江县职业中专学校机械加工技术专业对接产业办专业，依托行业建专业，校企协同育人才，学习国内外先进的经验，引入国际标准，在人才培养模式、课程体系与教学内容改革、"双师型" 师资队伍建设和校内外实训基地建设都体现国际化特色，并不断教学改革，拓宽国际视野，深化产教融合和校企合作，完善专业师资队伍建设，扎实推进专业建设，提升人才培养质量，为四川省制造业高质量发展贡献学校力量。

第三节　汽车运用与维修示范专业建设实践

《四川省国民经济和社会发展第十四个五年规划和二〇三五年远景目标纲要》指出：要加快构建现代综合交通运输体系，大力发展新能源汽车，积极发展插电式混合动力和燃料电池汽车。未来国内汽车售后市场人才需求将逐渐由快速增长进入稳定增长期，转型升级的汽车工业对汽车售后服务人才提出了更高要求，需要汽车服务从业人员提升知识、能力与素质结构。

综上分析，产业转型升级，对于掌握汽车维修技能，具备服务素养，能够适应车辆销售、售后服务等相关岗位，具有一定行业视野、较强职业生涯发展基础的高素质技能型人才需求巨大。汽车运用与维修专业面向道路运输业的汽车维修工职业群，培养从事汽车维护保养、汽车简单故障维修、车辆维修接待、配件管理等工作的高素质劳动者和技能人才。如何把该专业办出水平、办出特色，高度匹配产业需求，四川交通运输职业学校汽车运用与维修专业在专业建设中交出了一份满意答卷。

四川交通运输职业学校汽车运用与维修专业坚持立德树人创品牌、产教融合出特色、创新发展做示范的理念，紧紧围绕汽车产业转型升级，重点完善"需求导向、分类分层、双线并进"人才培养模式，构建"工学结合、双线并进"课程体系，校企共建专兼一体的 6 支高水平师资团队，搭建"进阶式工学一体"实训条件，形成"学历教育中高职衔接、职业技能中高端贯通"的"双轮驱动"人才培养路径。

一、建设背景

四川交通运输职业学校汽车运用与维修专业创办于 1962 年，办学历史悠久，是省级重点专业、国家中职示范专业、交通运输部专业示范点。专业在校生人数 1 000 余人，教学仪器设备总值达 2 000 万元。专业与上海通用、东风日产、广汇集团、申蓉集团 40 多家企业进行校企深度合作，校企合作专业覆盖率 100%。建有功能齐全校内外实训基地 25 个，生均设备产值 2.4 万元，建有省级高技能人才培训基地、省级技能大赛集训基地、世赛重型车辆维修集训基地各 1 个，获批建设国家高技能人才培训基地。汽车运用与维修专业始终植根交通、服务交通，为四川交通行业发展提供了数以万计的高素质技能型人才。

二、主要做法

（一）创新"需求导向、分类培养"的人才培养模式

通过修订《校企合作管理办法》《校企互训互聘管理办法》等完善校企合作机制，改建汽车专业指导委员会，加强汽车后市场调研，及时调整专业建设重心和目标，在保证乘用车优势情况下，把商用车、新能源汽车售后人才培养列为专业动态调整发展方向，对接汽车后市场全产业链转型升级。

根据汽车服务行业特点和企业岗位发展，确定学习阶段和学习项目，关注企业和学生的个性化需求，确立"需求导向"的改革思路。对接四川省专业建设标准方案以及专业核心课程教学标准等系列标准，进行人才培养模式的供给侧改革，构建并完善了"需求导向、分类培养、双线并进"的"1.5+1+0.5"人才培养模式，制订多元化人才培养方案，最大限度实现教育服务产品的适销对路（见图 7-3-1）。

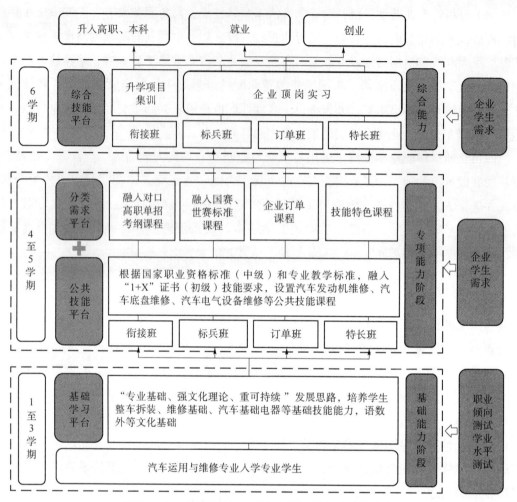

图 7-3-1 "需求导向、分类培养"的人才培养模式

（二）搭建"工学结合、双线并进"的课程体系

以立德树人为根本任务，构建"德育课程+活动+专业渗透"的德育"共性"线提升职业素养；以工学结合为基点，通过实践专家访谈会，提取岗位典型工作任务，基于职业能力发展阶段构建专业核心课程，形成"工学结合、双线并进"的课程体系（见图 7-3-2）。

根据国家职业标准，对接企业生产实际和岗位需求，及时修订汽车维修专业改革规划教材；按照"以学生为中心、学习成果为导向、促进自主学习"思路开发模块化新型活页式学材；与中国交通教育研究会商用车研究会合作，共同制定商用车维修技术标准，开发商用车维修教材，填补行业空白；校企共建"云立方"信息化教学平台，共建优质教学资源（见表 7-3-1）。

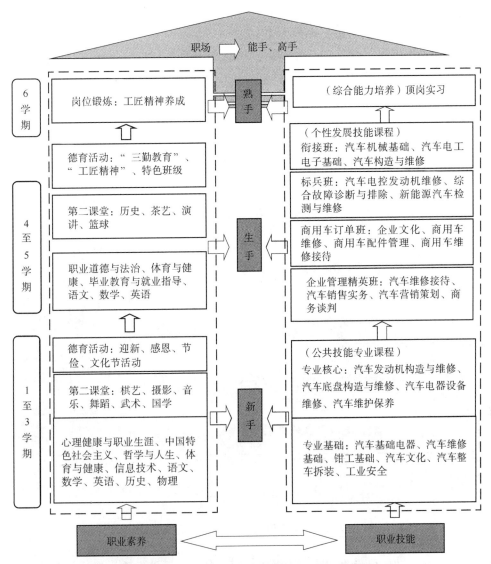

图 7-3-2　"工学结合、双线并进"的课程体系

表 7-3-1　教学资源建设成果表

序号	建设成果	合计
1	精品课程:汽车整车拆装、汽车维护保养	2 门
2	教学资源库:《汽车空调维修》《商用车维修》	2 个
3	新型活页式学材:《汽车发动机深度保养》《汽车空调维修》《汽车基础电器》《商用车电控发动机电控故障诊断》《商用车发动机拆装与检修》	6 本
4	修订教材:《汽车文化》《汽车维修基础》《汽车发动机维修》等	14 本
5	新编教材:《新能源汽车维修》《汽车保险与理赔》	2 本
6	共建"云立方"信息化教学平台,共建优质教学资源 2 500 余个	1 个

（三）"校企共建"高水平师资团队

立足"三教"改革，按照"扬长补短、组合发展"的思路，将教师分为高技能团队等6支团队，与企业需求结合，明确教师的专业化方向，校企合作共同搭建教师培训平台，共同拓展教师培养途径，健全师资队伍建设保障机制，打造高素质创新型教学团队（见图7-3-3）。

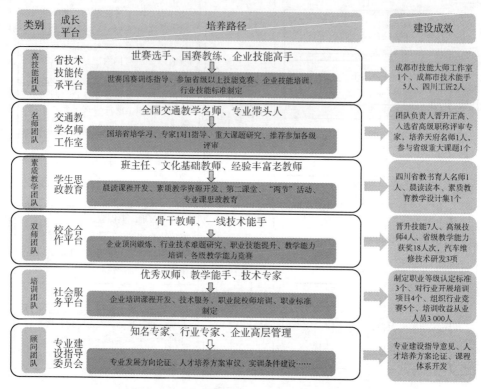

图7-3-3 高素质创新型教学团队培养路径

目前专业教师队伍已形成"高端人才能引领、技能高手能上阵、教学研究能推广"新格局，高端人才获评"天府名师""四川工匠"，晋升正高级职称，多位教师入选省级各类专家库，参与高级职称评审、教学竞赛执裁等省级以上评审指导；教学团队参加教学大赛获国家级三等奖；技能团队教师参加全国首届技能竞赛获铜牌，18人次获省级及以上各类竞赛奖励；主持各级科研课题，教改成果获得国家级教学成果二等奖（见表7-3-2）。师资队伍不论是高端人才水平还是团队整体实力位列省内同类院校之首。

表7-3-2 师资团队建设成果

序号	建设成果	合计
1	教师入选省级以上各类专家库	21人次
2	教师领办名师工作室、大师工作室、技艺技能传承平台	4个
3	晋升正高级职称	2人

续表

序号	建设成果	合计
4	教师荣获省级以上荣誉称号	19 人次
5	教师参加省级以上竞赛获奖	32 人次
6	教师主持或参与省级以上科研课题	21 人次
7	技师及以上职业资格	23 人
8	副高职称	9 人
9	高级技师	10 人
10	研究生以上学历	5 人

（四）改善专业教学条件建设

为适应汽车产业转型升级，保障人才培养方案顺利实施，服务区域经济发展，构建实践教学、竞赛集训、大赛承办、员工培训、技术研发的"五位"一体综合实训基地，该基地于 2020 年获批国家高技能人才培训基地。

一是构建素质教育实践基地。对应人才培养模式改革的"共性"线，新建工匠素质训练中心，建立完善的训练和管理体系，承担专业基础技能和职业素养训练功能；改建舞蹈室、国学社、心理咨询室、茶艺室、摄影室、青年志愿中心等 10 个德育一体化实训室。二是改建进阶式工学一体实训基地。按照"专业基础→专业核心→专项维修→综合维修"思路，改建汽车发动机维修等 8 个学习站，新建汽车美容学习站、新能源汽车维修学习站、汽车维修生产性实训中心，构建进阶式工学一体实训基地。三是新建商用车维修技术研发中心。为填补商用车实训空白，依托校企合作，企业投入设备 30 余万元及配套技术资源，新建商用车维修技术研发中心。研发商用车实训教学台架、开发商用维修教学资源；研究商用车维修新技能和维修工艺，解决企业实际生产问题，并成功申报专利；面向企业从事商用车维修的技术培训。四是完善大赛集训基地建设。根据各级竞赛要求，增加竞赛设备投入，健全"四级"技能竞赛训练体系，新建成都市重型车维修市赛集训基地、四川省重型车辆维修世赛集训基地、四川省职业院校汽车类技能大赛集训基地，承接省市两级世赛、国赛集训，承办省市汽车专业所有赛项比赛。

（五）提升学生综合素质

组建一支含学管、教学、行政和企业人力为主的素质教学团队，通过"课程+活动+专业渗透"，实现"三勤"品质成习惯、思政元素入课堂、专业文化进校园，提升学生综合素质。

构建德育素养必修课+素质教育选修课模式。开发涵盖自信、团队、沟通等 8 个主题的素质教育课程资源，完成全系学生素质教育授课 600 余课时。以课堂教学主线，培养学生综合素质。开展"三勤"教育、国学晨读、文明礼仪劳动专周、团队素质拓展等活动，提升学生综合素质。制定《育人环境改造工程总体方案（2018—2020）》，完成两期育人环境改造。将系部介绍、专业前景、名师、优生等专业文化植入校园，营造环境育人。将思政元素融入技能大赛、专业技能教学、工学交替、顶岗实习，培养德智体美劳全面发展的社会主义建设者和接班人。

（六）人才培养质量评价体系改革

参照四川省中职示范（特色）专业建设系列标准，制定四川交通运输职业学校汽车运用与维修专业建设规划，撰写专业质量年报。按照诊改理念，及时对专业办学问题进行改进，形成"自我循环、监控闭合"的自我监控诊断体系。完成《四川交通运输职业学校教学制度汇编》，建立学校、系部、教研室三级教学管理机制，完善内部质量保证体系。创建"三有"课堂教学质量评价标准，开展教师教学测评。实施"五单"联查，完善教学环节质量监控。制定学生学业评价体系，强化过程评价和综合能力评价。实施"学业预警"制度，及时对个别学生进行单独指导。校企共建"学生顶岗、就业质量评价管理系统"，跟踪反馈学生就业质量和企业反馈，及时调整专业教学。

通过人才培养质量评价体系改革，学生的学习积极性、主动性明显改善，对专业的认同度、培养质量明显提升（见表7-3-3）。

表7-3-3　人才培养质量评价体系改革成果

序号	建设成果	备注
1	培养世界技能大赛选手	2人
2	学生杜海洋获全国技术能手称号	1个
3	学生竞赛获国家级一等奖5人次、二等奖3人次、三等奖3人次	11人次
4	学生竞赛获四川省一等奖10人次、二等奖8人次、三等奖5人次	23人次
5	学生获市级技能竞赛奖项	17人次
6	学生毕业率	99%
7	学生"1+X"证书试点考试一次性通过率	100%
8	中级工一次性获证率	96.8%
9	学生升学考试录取率98%	98%

（七）推进国际合作

采用"走出去，学习先进的职教理念和引进来，吸收国际标准"的思路，分两批选派18位优秀教师赴德国、丹麦考察学习。接待两批丹麦职业教育联盟（DCAC）同行到校考察并签订合作备忘录。借鉴丹麦TEC培训教学方法，本土化"三色分层教学法"获得四川省教师教学能力竞赛一等奖。邀请旅德职教专家赵志群到校培训德国双元制和行动导向教学法，世界技能大赛专家刘庆华到校解析世赛标准和高素质顶尖技能精英的培养路径。解析世赛重型车辆维修项目标准，本土化《柴油发动机电控》教材入选福田戴姆勒校企培训教材。与"一带一路"名企福田戴姆勒合作实施"订单培养"，为企业培养具有先进专业技术、知晓国际规则的高技能员工。

建设期内，学生杜海洋在世界技能竞赛重型车辆技术四川省选拔赛冲脱颖而出参加全国选拔，教师黄仕利、莫晓波入选世赛全国选拔赛裁判，多名教师取得国际知名企业认证培训资格。

（八）社会服务

建有年度目标任务工作机制，构建了以培训、考证、鉴定、技术研发为一体的服务体系，开发和建立了相对稳定的培训包、培训师，并与时俱进进行重组、开发，保障培训之需。共计承担各类职业资格考评工作 2 100 人次，实现服务年产值 300 万元；承办成都市百万职工技能大赛、全省中职技能大赛、世界技能大赛省级选拔赛，承办培训全省中职学校大赛指导教师 200 余人；疫情期间，为汽车行业受疫情影响的 35 家中小企业提供线上技能培训，实现产值 130 余万元。

三、成果成效

示范建设首要任务是找准建设方位，明确建设起点，做好顶层设计。四川交通运输职业学校成立了专门机构，明确各部门职责，全面部署建设任务；建立了工作机制，以例会、进度墙、专项督办等方式推进汽车运用与维修专业建设；制定和完善各类制度，规范建设过程；以创建省内领先、国内一流品牌专业为目标，带动学校其他专业和省内同类专业的内涵发展。

（一）供给侧端发力，创新培养模式"出成效"

针对职业学校供给的单一性，从供给侧端发力，按照"两阶段分层、多班种分类、差异化教学"思路，基于学生、企业双主体发展需求，制定差异化培养目标和路径，实施分类培养：特长班以"基础+专项"标准组建，标兵班以高级别赛事标准选拔，订单班按照企业需求定制。从教育供给侧源头入手，满足就业、竞赛、升学等发展需求，最大限度实现供需适销对路。

（二）对接国家标准，课程资源建设"成体系"

对接国家课程标准，基于工作过程重构课程体系，规范编制人才培养方案。探索出"产业市场主导、竞赛标准融入、信息技术支撑、模块式组合"的课程资源建设路径，完成改编一体化教材 11 本，活页式教材 6 本，建"云立方"教学平台和 30 个学习站，软硬结合的课程资源体系基本形成，有效提高了教学效率。

（三）分类组合培养，教师团队建设"有彰显"

将教师分为"名师教学团队、高技能教学团队、特色素质教学团队"等6支高水平教学团队，明确教师的专业化方向；以名师、大师领衔组建项目组，促进队伍项目化管理；通过能力测评、专业大赛等给压力搭平台，推动全体教师快速发展，形成了高端人才能引领、技能高手能上阵、整体实力在提升的局面。近年来有15名教师分别荣获四川省天府名师、交通部教学名师、全国交通技术能手、四川工匠等称号。

（四）深化校企合作，精准服务"显担当"

依托示范专业优质教学资源，不断深化政校企合作，承接人力资源和社会保障厅、交通厅的政府购买服务项目，实现服务产值300万元；承办全省中职师生竞赛、世界技能大赛省级选拔赛、百万职工竞赛等，彰显公益担当和实力；新冠疫情防控期间，积极为受疫情影响的35家中小企业开展线上培训，提供学习资源近500学时，单项服务产值达130余万元。仅2019年社会服务实现产值950余万元。

四、示范推广

四川交通运输职业学校汽车运用与维修专业建设经验"立德树人创品牌、产教融合出特色、创新发展做示范"在全省职业教育工作会议上的发言（全省唯一）。牵头组建"省交通运输专业委员会""省示范专业联盟"，带动全省汽车专业的建设。利用建设的"省级传承创新平台"、省竞赛集训基地等平台，发挥示范辐射作用，为省内13所兄弟院校培训一体化专业教师50人次；向20余所省内中职学校分享专业建设经验；对口支援盐源县职业中学校等3所贫困地区职业学校。专业建设成果被中央电视台等多家媒体报道。

五、总结

随着产业转型升级和产业集群，一个专业支撑一个产业的模式难以适应越来越多的新职业。跨越专业壁垒组建新的专业群将是优化资源、树立品牌、凝聚特色、打造学校核心竞争力最有效路径。在示范建设后期，四川交通运输职业学校汽车运用与维修专业将探索以汽车运用与维修专业为核心，融合汽车营销、车身修复、新能源汽车维修和商用车维修等专业，整体打造能够有效支撑汽车后市场产业链的汽车专业群，开启高品质专业集群的建设之路。

第八章

中职特色专业建设的实践

  挖掘中国传统文化育人精髓，立足非物质文化遗产的传承与创新，将中等职业学校专业特色发展与区域特色产业、民族优秀传承文化产业和非物质文化遗产产业等发展需求相匹配，通过特色专业建设弘扬民族优秀传统文化，为地方特色经济可持续发展提供人力支撑和智力储备。基于"全省一盘棋+协同推进"为价值导向的不均衡发展省域专业建设理念，在近年来指导省域内中职学校的特色专业建设研究与实践中，逐步形成了以"三层衔接"为基础，以"五类贯通"为突破的特色专业建设系列标准。基于专业建设规范的共性指标，在强调核心要素标准统一的基础上，结合地方特色产业人才岗位能力结构及产业持续发展的人才需求，给予学校特色专业多元差异发展的空间。充分体现了国家、省和校三级教学标准体系之间的系统性、连贯性，精准地指导了中等职业学校专业内涵建设的质量提升。不均衡发展省域特色专业建设之路就是让非遗文化与技艺在中职专业建设中绽放出优秀传统文化魅力。下面以位于成都平原经济区的四川省绵竹市职业中专学校旅游服务与管理（绵竹年画方向）特色专业、川南经济区的自贡职业技术学校计算机平面设计（彩灯设计与制作方向）特色专业和川西北生态示范区四川省阿坝卫生学校藏医医疗与藏药特色专业为例，从非遗特色专业建设、深度产教融合和校企合作、弘扬民族优秀传统文化三个方面呈现不均衡发展省域在特色专业建设上的实践案例。

第一节　绵竹年画特色专业建设实践

  产教融合是职业教育的基本特征，是技术技能型人才培养的重要方式。非遗传承融入职业教育，传承技艺是重要内容之一。四川省绵竹市职业中专学校以特色专业建设为依托，在校内建设产教融合的企业工作室，引入年画文创企业入驻，带动非遗大师进校和企业订单入校，开展产教一体的实训教学，在非遗技艺传承与文创产品创新上形成了可借鉴和可推广的经验。

一、建设背景

  绵竹年画作为中国传统民间艺术，又称绵竹木版年画，因产于竹纸之乡的四川绵竹而得名，2006年入选首批中国非物质文化遗产名录。它与天津杨柳青年画、山东潍坊杨家埠年画、苏州桃花坞年画并称中国四大年画。随着产业结构调整和转型，绵竹市提出了"工业强市、文旅名城、美丽家园"的发展规划。作为全域旅游示范区，绵竹市将绵竹年画与乡村旅游有机结合，打造了以绵竹年画为主题的国家 4A 级风景区，建立了年画传习所和年画展示中心。目前有销售绵竹年画的公司和企业 33 家，年画文化创意公司 3 家，年画传习所 2 家，从业人员 2 100 余人。

2011 年四川省绵竹市职业中专学校将绵竹年画引入学校，以课程植入方式开展非遗文化的传承教育。2013 年教育部办公厅、文化部办公厅、国家民委办公厅联合发文（教职成厅函〔2013〕12 号），学校的民族美术——绵竹年画制作被确定为首批全国职业院校民族文化传承与创新示范专业点。2017 年学校根据国家文化和旅游融合发展的总体部署，基于地方文旅名城发展定位，开展省级课题"绵竹年画在中职教育'学、研、产'一体化建设中的实践研究"，将非遗项目绵竹年画引入旅游服务与管理专业，开展文旅复合型人才培养。2019 年，根据川教函〔2018〕755 号文件精神，学校旅游服务与管理（绵竹年画方向）专业成功申报为四川省特色专业建设项目。通过建设，形成第三批全国中小学中华优秀传统文化传承学校、四川省首批省级职业教育教师教学创新团队、德阳市旅游服务与管理绵竹年画方向名师工作室、四川省教学成果特等奖、德阳市教学成果一等奖等标志性成果 64 项。

二、主要做法

（一）完善并确立具有文旅融合特征的非遗传承人才培养方案

一是明确了文旅融合型非遗传承人才培养目标定位。通过市场调研，从区域内文旅市场基本情况、从业人员结构、岗位能力需求等维度进行了调研分析。在专家委员会的指导下，定位了人才培养目标，即坚持立德树人，面向地方文旅产业链相关行业企业，培养具有良好的职业素养，身心健康，从事地方文旅服务和非遗（绵竹年画）传承与创新等相关岗位工作，具有旅游和非遗传统文化传承与服务相融岗位的从业能力和一定创新创业能力，德、智、体、美、劳全面发展的高素质劳动者和技能型人才。在职业能力构建上，确定了三个维度，即服务于旅游市场的导游能力、服务于"地方旅游+非遗文化"深度体验市场的讲解和指导能力、服务于非遗文化的传承能力。

二是构建"三真两制"非遗传承人才培养模式。"三真"即教学环境真实、实训任务真实、教学评价真实，"两制"即学员制和学徒制。根据人才培养目标，遵循产教融合、校企共育的特征，通过校企共建的校内产教融合型企业工作室营造真实环境，通过企业订单开展生产性实训做到任务真实，通过产品质量评价学生学习水平实现评价真实。学生在校内开展生产性实训采用学员制，由企业的非遗传承人和学校专业教师共同教学，在企业开展顶岗实习采用学徒制，由企业师傅引领发展。实践证明该模式对非遗传承人才沉浸式培养具有针对性。该模式在之前纯旅游人才培养的基础上，丰富了非遗传承人才培养的方式，明确了培养平台、培养方式、培养路径、评价方法，系统化解决了人才培养路径不清的问题。

（二）实践"产教融合、校企共育"式非遗传承人才培养

一是构建了"工作室+订单"的紧密型校企共育机制。非遗文创企业订单有不确定性，在企业员工配备上存在难点：订单多时人力不足，不能按期交付；订单少时人员富余，人员工资、保险压力较大。四川省绵竹市职业中专学校专业学生人数稳定，系统教学有支撑，生产质量有保障，但教学与生产结合不紧，实践教学缺少平台。"工作室+订单"的校企共育机制，既解决了企业生产任务，又解决了学生参与真实任务教学的问题。该机制符合非遗传承人才培养特点，达到了校企共赢的效果，激发了企业在人才培养方面的参与度。该机制的构建，将企业与学校、产品订单与实训课题、非遗师傅与专业教师等要素有机结合在一起，实现了校企资源互补、人才共育、效益共享、合作共赢。

二是搭建产教融合式理实一体化教学实训平台。按照生产工艺大类相近的原则，建设3个非遗文创产教融合企业工作室，引进不同特点的典型企业入驻，涵盖传统年画及装裱、木版年画刻版、陶版年画绘制、布艺年画文创及刺绣实训和生产功能。在"工作室+订单"的机制保障下，带动企业非遗文创产品订单进课堂成为实训项目，反推企业师傅随订单入工作室共同施教、订单完成后回企业销售的闭环式合作模式，将企业与学校通过订单捆绑成订、教、产、销命运共同体。实训课题与市场订单形成动态有效互动，解决了中职学校非遗传承人才培养市场结合度不够的问题。该机制的建立，深化了校企合作，确立了产教融合的组织保障、有效载体和重要途径，同时推动学校建设与地方文旅产业标准同步的校内实习实训装备标准体系，提高了实习实训基地装备水平，提升了社会服务功能。

三是采用产教相融的生产性实训方式开展实训。制订了定时间不定项目的动态实训教学计划，根据课程标准和教学目标，教学计划只确定教学时间，教学内容随订单变化同步调整。当企业订单进入工作室后，通过实施产教相融的教学方案，校企教师共同确定实习与生产相结合的内容、周期和具体要求，按订单类选用对应的教学案例组织教学。当企业无订单进入时，采用不同于企业订单类型的内生订单实施教学，以保证教学目标完成。此举有效解决了训与产不同步、产与教不相融的问题。生产性实训方式将非遗文创产品生产与非遗传承人才培养有机结合，使学生训练的课题是订单、成果是产品。学习载体为企业订单，既能激发学生学习兴趣，又能培养学生精益求精的工匠精神。2020年在疫情的影响下，实现各类年画文创产品加工100余件。

（三）"双向任务式进阶"的教学方法改革

一是基于巴特勒教学模式，即"设置情境—激发动机—组织教学—应用新知—检测评价—巩固练习—拓展与迁移"，构建了生产过程与教学实施的对照表。在文旅复合型人才培养课程体系中，专业技能课程分为两类，一类为理论性强的旅游类课程，另一类为实践

性强的年画课程。在教学实践中形成了"双向任务式进阶"的项目教学方法，针对旅游专业课程，理论是基础，实践源于理论学习，推进"学中做、学中思、做思结合"的技能课程教学方法；针对年画课程教学，实操体验是基础，绘制技艺源于实践，改革常用教学方法，变为做中学、做中创、学创结合的反向教学方法。

二是重构了服务于培养目标的课程体系。从立德树人和岗位能力入手，运用思维导图的设计手段，用目标导向的思维方式，对岗位能力要素与课程支撑进行分析与重构。在教育部颁布的《旅游服务与管理专业教学标准》的基础上，结合绵竹年画方向新特征，形成了公共基础课、旅游专业课、年画方向课三元并重的具有文旅融合复合型人才培养的课程结构。重新构建了"景区导游课程+绵竹年画课程+文旅融合课程"的课程体系，对实现培养目标更具支撑度；编写了《绵竹木版年画》等 4 本校本教程，与企业共同开发了涵盖全国 105 个景区仿真数字资源，3 门旅游专业核心课和 3 门年画方向文旅融合课，其中包括教案、课件、微课、二维动画教学资源；专业课教师参与编写并出版了融入新年画元素的《法律七进》丛书；录制并制作了陈刚、李明生、胡明贵、李兴琼 4 位年画传承人共44 个传统技艺数字化资源，弥补了人才培养和社会培训教学资源的不足。

（四）"双师型"专业教学团队建设

四川省绵竹市职业中专学校制定了双师双创型教师队伍建设方案和管理办法，为队伍建设提供了制度保障。通过交流学习、参加竞赛、指导参赛，不断改进和丰富队伍建设的方法。通过"科研+活动"的方式，提高教师队伍的业务能力。以"画里匠心"绵竹年画艺术工坊为基础，通过丰富创新创业功能，积极探索"双创型"教师培养方式。通过"工作室+订单"的校企共育机制，为校企（行业）人员互聘共用、双向挂职提供平台保障。通过大师工作室、教师入企挂职锻炼、企业专家进校任课等多种形式，提升教师的创新能力和教学能力。根据非遗文化特色，引入非遗传承人入校共建专业、共同施教。绵竹年画非遗传承人、绵竹年画馆馆长胡光葵作为项目学校特色专业建设指导委员会成员，经常到校指导学校专业建设，通过讲座、现场技艺指导等多种途径，参与学生培养和教师提升。绵竹市红绣坊坊主、四川工艺美术师、四川省民间艺术（刺绣工艺）优秀技艺人李兴琼现已长驻学校，和专业教师开展刺绣实践教学。非遗传承人和工艺美术大师的加入，极大丰富了学校教师队伍的结构与层次，为非遗传承人才培养提供了师资保障。

（五）非遗特色专业教学条件建设

参考四川省专业实训基地建设指导方案和基地建设标准，学校结合专业实际和特色，建立特色专业实训场所建设标准，规范实训建设。规范了包括基本功能室名称、场地面积、实训设备种类及数量、附属设施及配套环境等要素，为省内外同类专业建设提供了参考。完善实训基地建设，丰富人才培养功能。通过专业建设已建成旅游导游仿真实训室 1个、画里匠心绵竹年画艺术工坊 1 个、手绘年画室 1 个、教师年画室 1 个、产教融合型企业工作室 3 个、年画陈列室 1 个。现校内实训基地设备基本满足教学需要，生均实训设备价值达到《中等职业学校设置标准》要求。通过建设丰富学生实习实训场地，服务于年画方向教学实训、生产性实训、新年画及衍生品研究，提升社会服务功能，同时校内实训基地可接待各类游学和年画实践体验，承担非遗文化传承功能，提升特色专业建设的经济效益。

（六）完善非遗传承人才培养教学质量评价方式与手段

建立非遗文创产品类别化学习成果评价制度。根据"三真两制"人才培养模式的运行机制，确立了"学生+教师+师傅"的多元评价主体，依据中职学生职业能力发展性要素，构建了"职业态度+安全意识+技术能力"的评价维度，按照非遗文创产品生产工艺制定了不同产品的评价标准，解决了非遗人才培养学习评价难的问题。创编非遗典型文创产品教学案例集，通过案例中教学评价要素，根据不同类别文创产品的生产工艺流程，明确了不同类别产品的学习评价要点和评价标准。以《学生生产性实训学习水平评价表》为载体，实施类别化学习成果评价制度，解决了非遗传承学习成果评价无量化标准的问题。通过具有非遗传承人才培养特色的评价方法，促进了学生在非遗传承方向的技能成长。

三、成果成效

（一）为中职教育传承与发展非遗文化、培养非遗传承人才提供了系统化解决方案

明确了文旅融合型非遗传承人才培养目标定位。在"传播、传授、传承"三层次人才培养理念指导下，共同确定了旅游服务与管理专业（绵竹年画方向）文旅融合的人才培养目标和规格，制订专业人才培养方案。构建"三真两制"非遗传承人才培养模式，重构了服务于培养目标的课程体系和与之配套的教学资源，搭建产教融合式理实一体化教学实训平台，形成了"双向任务式进阶"的项目教学方法。通过绵竹年画文创案例集中教学评价要素，根据不同类别文创产品的生产工艺流程，明确了不同类别产品的学习评价要点和评价标准，解决了非遗传承学习成果评价无量化标准的问题，形成了系统化的非遗传承人才培养解决方案。

（二）将非遗文创元素融入多专业教学实训项目，实现了思政与技能融合

从传统文化中吸取新时代精神营养，与中职教育技能教学相结合，挖掘非遗文化在工匠精神培养上的功能。近年来学生参加国、省、市各级展演和比赛屡获大奖，参加全国第六届中小学生艺术节展演获全国一等奖，学生伴尔约米各在展演现场为国家教育部原部长陈宝生展示绵竹年画技艺。此外，将文创元素融入其他专业技能教学中，将绵竹年画作为计算机专业的 Photoshop 课程教学创作素材，成为汽修专业车身彩绘的创作元素，植入数控专业的金属加工实训项目，作为文秘专业手工课程的衍纸作品等，达到以点带面的成效。通过自编教材固化非遗育人成果，专业课教师参与编写并出版了融入新年画元素的

《法律七进》丛书并在中小学中广泛应用，《绵竹年画在 Photoshop 中的实例应用》已在本校计算机专业教学中投入使用。

（三）弘扬工匠精神，聚焦立德树人，非遗传承人才培养效果显著

通过大赛促进工匠精神培育。组织学生参加全国职业院校学生才艺展、技能创新成果赛、全国中职学生文明风采大赛等，共 36 个年画作品分获金奖、一等奖、二等奖。年画工坊参加全国、省、市中小学生艺术展演，分获一等奖、二等奖、特等奖，被授予市优秀学生艺术团，省、市美育实践基地，名师工作室等荣誉称号。融入年画元素的礼仪操 3 次获奖，以年画为载体的创业设计 3 次获市创业设计大赛奖。学生参加市技能抽考合格率100%，近两届年画特色专业学生高考升学率分别达 97.3%和 100%。

（四）非遗项目从课程到专业的中职教育实践，助力了乡村振兴，服务了地方经济的发展

与省内高职院校联合开展五年制贯通培养，毕业学生不断反哺地方经济建设和文化旅游事业发展。学生李悦现任绵竹年画博物馆副馆长。开展年画、旅游从业人员社会培训，师生团队为 6 家企业、农家乐提供年画特色环境建设方案和创建，提升了文化品质，提高了经营收益。利用工作室、年画工坊平台，校企共同设计开发了年画桌旗、年画手包、年画绣品、瓷盘年画、石头年画、铜版年画等近 10 种绵竹年画文创新产品。

四、示范推广

（一）贡献学校智慧，进行专业建设经验交流与成果推广，发挥示范引领作用

作为省级特色专业建设项目单位，在国、省级师资培训会和省示范特色专业建设推进会中经验分享和交流 4 次，接待了绵阳、眉山等地中职学校到校学习参观。将特色专业建设成果辐射到地方初中学校开展绵竹年画劳动实践教育。以绵竹年画为载体的中职语文综合实践活动课程教学课例以德阳市全市中职学校为主体向成都市等地扩展，20 多所中职学校语文教师参加教研。

（二）传播非遗文化，开展展示与服务活动，服务地方经济发展

学校先后承接 102 人次的马来西亚华裔青少年冬令营，组织师生参加"一带一路"职业教育国际峰会等活动，将优秀民族文化和非遗文化进行国际化传播，增强了文化自信和非遗文化的国际影响力。承接台湾台东专科学校师生年画游学，在天津、苏州、成都等地开展年画展演、交流、推广、下乡活动 26 次，兴趣班 17 班次；培训年画、旅游从业人员273 人次；为年画公司设计衍生品 10 余种；为 6 家企业、农家乐提供年画特色环境建设方案；创作墙体年画近 500 平方米。年画实践活动在学习强国、凤凰网等媒体上被报道。

（三）实践专业共振，非遗元素融入多专业实训项目，带动学校各专业协同发展

通过以点带面，实现"专业共振"，基于产教融合的多专业共同发展，将中职专业部分学科建设与年画衍生品开发、创作、教学及生产相结合。在准确把握年画产品属性的基础上，结合旅游（年画、手工）、汽修（喷涂）、计算机（平面设计）、机械（数控加工）等专业课教学，将年画元素融入实操课题，通过应用新材料、新工艺、新载体开展年画创作，拓宽创意衍生品领域。人才培养模式在机加专业以大师工作室的形式进行了创新应用。

五、总结

在"多维协同，差异均衡"的专业建设路径下，从省域层面重点扶持错位竞争的特色专业，积极支持民族优秀传统文化和非物质文化遗产相关专业建设，一批地域特色明显但规模相对较小的非遗专业得到了保护与发展。四川省绵竹市职业中专学校在特色专业建设中，以"三层衔接"为基础，以"五类贯通"为突破，逐步形成了具有地方特色的、适用于非遗传承人才培养的专业建设范例和人才培养模式。在"对标、贯标、用标"中，让特色专业建设在人才培养方案制订、课程开发、实训基地建设等方面有据可依。在"五类贯通"上通过"特"字进行了有效突破，形成了适合于非遗特点的特色专业建设方案、特殊的师资结构、特别质量评价体系等，为中职教育参与非遗传承、文旅融合，服务地方经济、助力乡村振兴等方面提供了可借鉴的经验。下一步四川省绵竹市职业中专学校将在专业在走出地域限制、深化中高职衔接、非遗产品市场开发等方面再发力，让非遗特色专业更好地发挥其文化自信和技艺传承的作用。

第二节 自贡彩灯特色专业建设实践

《职业学校校企合作促进办法》中明确指出：产教融合、校企合作是职业教育的基本办学模式，是办好职业教育的关键所在。自贡职业技术学校通过政府、行业、企业、学校四方共同构建校企合作新形态，破解了非遗特色专业建设过程中校企合作不紧密、校企联动不同步等诸多难题，其建设经验可在特色专业建设中推广和示范。

一、建设背景

自贡灯会作为中国著名节庆文化品牌，已拥有800多年的历史，2005年被国务院列为国家级非遗项目。自贡彩灯占据国内80%、国外90%以上的市场份额，有着"天下第一灯"的盛誉，是13个国家文化出口基地之一。经历多年发展，已形成中华彩灯日"世界之光—彩灯嘉年华""中国龙灯节""中国彩灯节""中国熊猫节""环球灯会"等知名度较高的展会品牌，彩灯企业在美国、法国、英国、德国、日本、智利等33个国家80个城市举办灯展102场次，自贡彩灯正逐步成为国际性文化品牌。目前自贡市有彩灯企业700

余家，从业人员约 10 万人，每年创造 GDP 约 30 亿元。自贡市"十四五"规划中指出，要深入实施区域品牌培塑工程，将彩灯作为文旅产业发展的重要支撑，建设与彩灯等融合发展的特色小镇和中华彩灯大世界等一批标志性重大文旅项目。做精"环球灯会"，推动"借灯出海"，提升自贡彩灯国际旅游品牌影响力。

自贡职业技术学校计算机平面设计专业（彩灯设计与制作方向）为培养自贡彩灯技术技能人才量身定做。在自贡市政府主导下，通过政、行、校、企四方联动，坚持传承彩灯非遗技艺，培养世界一流人才的办学思路，以校企深入合作、产教深度融合统领专业建设。校企携手制订人才培养方案，共建专业课程体系，开发校本课程，共建师资队伍，共建校内外实习基地。成立自贡彩灯职教联盟，组建彩灯大师工作室，创新了"两定两化一结合"人才培养模式，服务彩灯行业和灯会全产业链市场，为老工业城市转型升级、再造产业自贡提供技术技能人才支撑。

二、主要做法

（一）创新四方联动的校企合作机制

为了充分发挥职业教育的功能，更好地传承非遗文化，系统培养自贡彩灯非遗技艺人才，服务地方经济发展，2018 年 3 月，自贡市政府主导促成自贡职业技术学校计算机平面设计专业（彩灯设计与制作方向）与自贡市全洲彩灯文化艺术有限公司深度开展校企合作。以自贡市彩灯行业商会为依托，共建彩灯专业，设置了计算机平面设计专业（彩灯设计与制作方向），紧密对接地方产业发展需求，专门为自贡市彩灯行业企业培养输送高素质技能人才，自贡职业技术学校也因此成为全国唯一开设有彩灯设计与制作专业方向的中职学校。

政、行、校、企四方联动，深度合作，实现了校企合作机制的创新。组建由行业企业专家和能工巧匠、学校专业带头人等参与的专业建设指导委员会，牵头组建自贡市职业教育集团彩灯职教联盟，深化校企合作产教融合，形成校企合作长效机制，推动职业学校与企业优势互补，促进成果及教育资源的共享，发挥人才培养的引领示范作用。行业企业全面深度参与人才培养全过程，校企双方共同深入开展市场调研，共同制订人才培养方案，共同设置课程，共同实施教学，形成了四方参与的订单培养和定向培育相结合、职业化与军事化管理相结合的"两定两化一结合"自贡彩灯非遗技能人才培养模式。

（二）构建多元育人主体

依据校企合作企业选择及实施办法，优选全洲彩灯公司作为校企深度合作企业，明确各自职责分工，双方共同修订彩灯专业人才培养方案、共建实训基地、共同育彩灯专业人才。通过校内自贡彩灯技能人才培养基地，引入彩灯制作项目，由企业彩灯大师和能工巧匠指导学生学习制作灯组，实现教、学、做合一，增强学生职业适应性。以校企合作为平台，以联合办学为基础，开设订单班，定向培养彩灯专业技能人才。学生进校时与全洲彩灯公司签订协议，明确职业技能方向及达成目标，严格按行业企业标准培养人才；在按企业用人需求开课的基础上，与四川轻化工大学彩灯学院达成对口升学合作意向，通过自贡市和内江市九三学社、自贡市彩灯行业商会与内江职业技术学院商谈合作，共同开展3+3衔接贯通的定向升学培养，多渠道培养彩灯技艺技能工匠人才。

（三）四方联动深化教学改革

坚持立德树人、德技并修、全面发展，加大课程教学改革力度，深化任务驱动、模块化、项目化、案例法、虚拟仿真等教学方法改革，建立产业技术进步驱动课程教学改革机制，及时调整课程设置，修订课程内容和标准。其一，校企共建教学资源，构建以能力为导向的自贡彩灯技能人才培养课程体系，开发《彩灯文化》《彩灯美工》《彩灯焊接技术》《彩灯电工》《彩灯造型艺术》《彩灯裱糊》和《彩灯项目管理与营销》等特色教材，建设了相关课程数字化教学资源，提升师生信息化素养。其二，创新理实一体化教学实施路径，构建"三级四步"推进办法。"三级"指专家团队、领军团队、骨干团队等三级团队，"四步"指学习培训、榜样引领、全面布置、重点突破等四个步骤。其三，构建了三段七步教学方法，将学、导、讲、教、做、评、练的七大步骤分为课前导学、课中做学、课后督学三个阶段，对学生进行针对性培养，创新了理实一体化教学改革的实践路径，帮助学生更好地学习非遗知识、掌握非遗技能。其四，开通自贡彩灯裱糊、自贡彩灯造型、自贡彩灯美工等专项职业能力鉴定，还开展彩灯焊工、彩灯电工等职业技能鉴定。

（四）打造"大师引领、专兼结合"的教学团队

以打造师德高尚、结构合理、教学和科研能力强、整体素质高的一流教学团队为目标，建立健全"双师型"教师队伍培养培训机制。组建由行业企业专家领衔的大师工作室，设立了张方来大师工作室、孔建伟大师工作室、刘飞博士工作室，为专业师资队伍建设提供引领和支撑。通过教师入企挂职锻炼、企业专家进校任课等多种形式，由大师引领，从教练型教学名师、专业带头人、骨干教师、兼职教师等方面分层分类进行培养培训。构建思政学习平台、继续教育平台、信息技术培训平台、教育科研平台、实践培训平台、成果激励平台等六大教师成长平台，着力打造"双师型"教学团队，多措并举提升教师教学能力，形成大师引领、专兼结合、德技并修的有较强科研能力和较高双师素质的教学团队。

（五）搭建企业化教学实训平台

不断加大投入，完善校内实训条件。按照彩灯行业企业生产实际场景，将彩灯专业实训场地功能布局调整为"1+6"实训体系，即1个生产性实训中心，彩灯设计、彩灯焊工、彩灯钳工、彩灯电工、彩灯展示厅、彩灯美工等6个专项实训场，建成共建共享生产性实训基地。探索数字化、虚拟仿真与增强现实等技术的应用，建成与行业企业技术要

求、工艺流程、管理规范和设备水平同步的实训装备体系，能满足产教融合、技能竞赛、职业技能鉴定、社会培训等任务需求。建立长效机制，完善校外实训基地建设。与自贡彩灯行业商会深度合作，从全产业链角度拓展合作企业和合作范围，建立稳定的校外基地，拥有校外实训基地10家，将企业的生产项目乃至国际展出项目制作引进学校，转化为教学项目，增强学生的职业意识，有助于培养工匠精神。同时不断完善校外实训基地建设和管理办法，最大限度发挥校企协同育人作用，为教育教学开展提供保障。

（六）构建四方参与的多元评价体系

结合彩灯专业实际，借助教学诊改平台，以质量为核心，以能力为本位，建立专业诊改工作机制。进一步完善学校、大学、企业、行业四主体多元参与，按照"五结合四合格"的总体设计构建学生多元评价体系，即教师评价与学生评价结合、学校评价与企业评价结合、过程评价与结果评价结合、理论评价与技能评价结合、学校评价与社会评价结合；学生操行表现合格、学业考核合格、技能鉴定合格、顶岗实习合格，把学生的职业道德、职业素养、技术技能水平、就业质量、创业能力和用人单位满意度作为衡量专业教育教学质量的重要指标。同时制定教师教学业绩评价制度，构建教师教学评价体系。按照教学诊断与改进制度建设要求，组建专业质量管理小组，构建专业质量保证体系和专业自我诊改机制。试行"1+X"证书制度，提高企业认可度，建立毕业生跟踪调查和服务机制。组织学生参加自贡市彩灯行业地方标准彩灯行业技能鉴定，在校期间，激励学生考取多项技能等级证书，增强就业能力。2018级学生参加相关技能鉴定，通过率达97%，受到企业的认可和欢迎。

（七）提升从业人员培训能力

自贡市政府主导，向省人社厅申报获准，将自贡彩灯裱糊、彩灯造型、彩灯美工纳入四川省专项职业能力鉴定项目。学校组建社会服务专职工作部门，配备专职工作人员，打造彩灯技能人才培训基地。面向企业职工、农民工、退役军人等就业重点人群，大力开展非遗技能培训和非遗职业技能鉴定，探索构建社会服务长效机制。牵头组建自贡市职业教育集团彩灯职教联盟，目前有9个企业加入该联盟，通过联盟推动职业学校与企业优势互补，促进成果及教育资源的共享，发挥人才培养的引领示范作用。在政府部门的指导下，深刻学习领会精准扶贫、乡村振兴等政策，组织动员建档立卡贫困户、农民工等重点人群，开展技能扶贫培训，提升就业质量。同时借助学校高技能人才培养基地，与自贡市退役军人事务管理局深度合作，面向退役军人开展技能培训，为退役军人就业、创业提供技术指导。

（八）强化非遗专业文化建设

在传承彩灯非遗技艺，培养世界一流人才的办学思路指导下，将企业文化、学校文化、非遗文化和地方文化有机结合，创新提炼出"崇技、尚美、追光、出彩"的专业文化核心理念，从精神文化、制度文化、活动文化和物质文化等方面形成非遗专业文化体系，有机融入人才培养全过程，形成非遗文化育人体系。根据学校"成人、成才、成功"的办学理念和"上工善成"的校训，结合自贡彩灯非遗文化特点，按照"两定两化一结合"人才培养模式要求，将立德树人、德技并修的具体要求细化分解到彩灯专业的精神文化、匠心文化、非遗文化、制度文化、行为文化中，形成以工匠精神为核心的"尚美、崇技、追光、出彩"彩灯专业文化，并融入教育教学和管理服务全过程，内化于心、外化于行，形成以文化人、以文育人的良好氛围和工作机制，培养德才兼备、知行合一、适应需求且具有良好职业道德和职业能力的优秀技能人才。

三、成果成效

（一）特色人才培养成效

学校 2018 年申报设置计算机平面设计专业（彩灯设计与制作方向），实现了全国范围内的彩灯方向专业设置从无到有，适应了地方产业发展需要。该专业每年招生 3 个班，现有 9 个班、学生 405 名。经过学校全面系统培养，学生专业技能扎实，职业意识强，综合素质高，文化课合格率 92.3%，专业技能合格率 95.8%，在校期间就参与国际灯展项目制作，已为自贡彩灯行业输送 100 多名毕业生和 130 多名顶岗实习学生，就业率 95%，对口升学率 5%。企业高度认可，吴华友同学在顶岗实习期间就被企业推荐到法国参加灯展项目现场制作。2020 年彩灯专业学生参加全国彩灯创意设计大赛获一等奖 3 个、二等奖 5 个、三等奖 10 个；2021 年彩灯专业学生参加省级创新创业大赛获三等奖。

（二）机制创新推动人才培养模式创新

政、行、校、企四方联动，校企深度合作，产教深度融合，实现了校企合作机制创新。探索制定并创新实施"两定两化一结合"人才培养模式，即企业订单培养与升学定向培养相贯通、教学内容职业化与常规管理军事化相融合、技能人才培养与非遗文化传承相结合。以理实一体化教学为抓手，开展教学改革，开发校本教材，建设课程资源，填补了行业空白。创新探索出了理实一体化教学改革"三级四步"实践路径和"三段七步"教学法，帮助学生更好地学习非遗知识，掌握非遗技能。

（三）社会服务成效明显

借助政、行、校、企合作机制，增设彩灯专业联盟，搭建彩灯行业人才培养和社会服务平台，建立了"教学+培训"校、企、会联动的社会服务能力体系，提升社会服务质量。申请了自贡彩灯裱糊等职业技能培训工种，助力乡村振兴战略，大力开展重点人群技能培训和就业指导，通过开设短期培训班等形式开展技术服务，提升重点人群就业、创业能力。通过成立大师工作室和成立研发中心，为彩灯从业人员提供岗前培训和继续教育，着力为企业人才队伍建设服务，同时通过成立研发中心对新技术、新工艺、新材料进行研发。积极开展中小学职业体验，促进自贡灯会非遗文化传播，开阔中小学学生视野。利用学校和专业优势，面向建档立卡贫困户、农民工、下岗职工、退役军人等群体开展彩灯制作技能培训，年均 500 人次以上，其中贫困人口 300 多人次，为服务脱贫攻坚等国家战略贡献了学校和专业的力量。

（四）国际化服务能力明显增强

坚持扎根中国与融通海外相结合，配合国家"一带一路"建设，通过自贡灯会出口项目，借助行业、企业搭建国际化交流合作平台。采用"请进来、走出去"等方式，邀请外国专家开展相关培训交流，培养教师的国际化理念，拓展国际化视野，促进教师国际化水平的提升，更好地开展专业标准、课程标准和教材建设。学习借鉴发达国家在专业建设、专业标准、课程建设等方面的先进经验，调研彩灯专业的国际化人才需求，结合学校和区域实际，推广学校中德合作项目成果，将彩灯行业国际化的有关标准和要求融入人才培养方案和教育教学全过程，培养具有国际视野、知晓国际规则的高素质技术技能人才，适应国际化人才需求，服务自贡彩灯走向全球。借助自贡彩灯打造"环球灯会"的契机，利用校企双方师资和设施设备优势资源，组织开展行业企业走向国际化所需的有关知识和技能培训。主动服务"走出去"企业需求，探索搭建国际化合作办学、订单培养平台，实现彩灯专业国际化人才输出。

（五）教科研成果丰富

专业带头人万红拥有 3 项文创发明专利，教师有市级以上科研项目 5 项，市级以上教学成果获奖 2 项，省级重点课题"职业教育传承地方非物质文化遗产的实践与研究——以自贡彩灯传统制作工艺为例"已结题，获 2020 年阶段成果省级二等奖，被自贡市推荐申报省政府教学成果奖；教师撰写论文 16 篇，市级以上教师教学能力比赛获奖 5 项、优秀作品 4 个。

四、示范推广

（一）对学校其他专业建设的示范引领作用

通过彩灯特色专业建设，带动学校其他专业参与专业建设，其中会计专业已正式立项为第三批省级示范专业，机电专业正进行中德合作项目建设，焊接专业对接成渝经济圈正在落实建设中国焊接技能人才基地，学校各专业全面开展深入校企合作，社会影响力进一步增强。

（二）校外示范辐射作用

发挥人才培养的引领示范作用，两次在全省、一次在川南职教集团做项目建设经验交流，为眉山市青神职中、荣县职教中心、省盐校等市内外 10 余所兄弟院校提供指导和借鉴。荣县职教中心借鉴该成果经验并创办了自贡扎染非遗专业。

五、总结

自贡职业技术学校在"横纵联动+点线面推进"专业建设机制的指导下，计算机平面设计专业（彩灯设计与制作方向）在政府、行业、企业、学校四方联动保障体系下，对校企深入合作、产教深度融合进行了有效实践。在该专业建设实践中，地方政府发挥了对职业教育的统筹、协调、支持、鼓励的作用，推动职业学校开展校企深度合作，产教深度融合，以适应地方产业发展的需求。"横纵联动+点线面推进"专业建设机制在指导特色专业建设运用中，要进一步思考特色专业独有的地域特点和文化传承差异，点线面的落实推进机制中不断提炼特色专业共性因素，充分发挥"以点带线、以线带面"式的提升发展功能。

第三节　阿坝藏医药特色专业建设实践

民族优秀传统文化的传承与创新离不开区域内职业学校的助力，在一定程度上，中等职业学校不仅可以培育民族优秀传统文化的传承人，还可以挖掘、发扬、创新民族优秀传统文化。四川省阿坝卫生学校以四川省示范（特色）专业建设项目为契机，提升藏医医疗及藏药专业的建设水平和人才培养质量，为藏医药文化的传承创新赋能，为民族优秀传统文化的传承与创新提供参考路径。

一、建设背景

藏医药是目前在国内使用频率最高、接受治疗人数最多的民族医药之一。藏医药的历史与藏民族文化同生共长，已有 4 000 年的历史，藏医药学术从公元 8 世纪下半叶第一部藏医药经典巨著《四部医典》问世，已有 3 000 多年。藏医药是藏族人民在高寒缺氧的自然环境中与疾病作斗争的智慧结晶和经验总结，其以博大精深的经典著作，系统完整的理论体系，得天独厚的药物资源，神奇多样的炮制工艺，在治疗风湿、类风湿、皮肤病、心脑血管、肝胆、神经系统、免疫系统、消化系统、妇儿疾病等方面取得显著成效，受到世界医学界的普遍重视。2006 年，藏医学被列入国家首批非物质文化遗产保护名录。近年来，藏医药这门曾被人们称为具有神秘色彩的民族医学已经走下了雪山，走出了国门，走向了世界。目前全国已有县级以上藏医医疗机构 60 多家，藏药生产企业 70 多家，世界上目前有藏医医药科教研机构 20 多家，西藏、青海、甘肃、四川、云南五大藏区的 500 多万藏族人民普遍使用藏医药，其他民族也广泛采用藏医药。

阿坝州是四川省第二大藏区，藏医规范化人才培养起步较早。为使藏医药事业后继有人，1975 年，经四川省卫生厅批准，四川省阿坝卫生学校藏医中专班正式开办，将藏医人才的培养正式纳入国家中等职业学历教育序列。但由于藏医学开放性较差，藏医药文化传承严重不足，藏医药许多宝贵的诊断技巧和治疗技术面临失传困境，作为培养藏医医疗及藏药人才的藏医医疗及藏药专业，承担着挖掘、传承和发扬藏医药文化的重要使命。学校以藏医特色专业建设为基础，建设了藏医博物馆和羌医医史馆、实训室，创建省级中医药文化教育宣传基地，更好地弘扬民族医药文化。

二、主要做法

（一）建设藏医博物馆和羌医医史馆，为弘扬民族医药文化创建平台

2019 年 10 月《中共中央国务院关于促进中医药传承创新发展的意见》印发，国家、省、州也相继召开中医药传承创新发展大会，这对四川省阿坝卫生学校加强民族医药（特别藏医药、羌医药）文化传承有了新的遵循和要求。按照 2019 年四川省中职示范（特色）专业建设（川教函〔2019〕201 号）等文件要求，四川省阿坝卫生学校积极开展藏医特色专业建设工作，以藏医药文化传承为理念，制定藏医医疗与藏药特色专业建设方案。参照该方案，四川省阿坝卫生学校对藏医博物馆进行了建设，建筑面积约为 900 平方米，收藏了藏医名家的雕塑、旦科老师著作、藏医理论体系、甘珠尔 108 册、丹珠尔 208 册、藏医药精品 200 种；藏医外治实训室收藏外置器械 108 种，新建了藏医传授室、藏药汤丸散剂实验室、藏医药浴实验室、藏药加工炮制实验室、藏药智能斗谱柜交互平台、AR 智慧互动扫描平台、藏医树喻教具室，动物标本室有 80 种标本，藏药矿物标本室有标本 100 种，藏医曼唐室收藏手绘 108 副藏医教学唐卡，藏药植物标本室有蜡叶标本 1 套、植物标本 144 种、阿坝地区浸泡道地药材 300 瓶，藏医文阅览室有 1 000 册藏医图书等。为进一步把民族医药文化传承落到实处，四川省阿坝卫生学校启动 200 多万元资金建设羌医医史馆和中医药文化墙。建成后的羌医史馆建筑面积约为 400 平方米，修建中藏羌医药文化浮雕 140 平方米，收藏羌医药文化、羌医药名家、羌医药斗柜、羌医药传统器械、羌医药中成药、羌医药鉴别药材标本 240 瓶、常见羌医药 360 瓶、浸制标本 36 瓶、动植物仿垂生标本 100 种等。

（二）现代化 AR 技术助力民族医药文化传播

建设 AR 智慧动态扫描辨识教学平台。该平台把真实和虚拟景象叠加到同一个空间中，并为人眼所见，以自然的方式和虚实景物进行了三维人机交互，实现了虚拟药用植物信息与现实无缝连接，使学生全面直观地掌握药用植物的特点以及药用植物鉴别特征，并且通过 AR 图像识别技术，在手机平板或其他手持终端上进行三维立体动态展示，将三维藏药模型转化为数字信息传给虚拟物体。手指可随意进行拖拽，把三维模型进行任意的移

动、放大、缩小，使药用植物药用部位突出显示，辅助语音文字讲解、汉藏双文字介绍、3D 模型互动显示等，立体、生动、多角度诠释了药用植物。以藏药阿坝州道地药材为核心，进行数字资源创作，选取 150 种藏药进行三维模型还原建模，以藏药晶镜本草基础资料为核心，涵盖藏药的专业资料介绍（包含藏文译名、汉文译名、形态描述、地理分布、药物来源、采集炮制、入药部位、性味功效），配以图片、藏汉双文介绍、藏汉双语音录制等方式对藏药进行知识拓展延伸和知识信息解读。

（三）教师队伍建设为弘扬民族医药文化提供人力和智力支撑

切实加强教师队伍建设，通过教师能力提升培养，使学校教师队伍的教学能力得到整体提升。一是聘请藏医名医（院长）担当专业带头人，成立"名医（院长）工作室"，开展校内教师培养工作；二是完成 1 名学科带头人、2 名骨干教师、10 名双师型教师考核认定，完成 1 名校内专职实验管理员、校外 3 名兼职实验实训指导教师的聘用；三是建立了10 名兼职教师库；四是通过聘请专家到校和外派教师进行教师培养培训，曾先后选派 130人次专业教师到西藏、浙江、红原、马尔康、成都、都江堰、甘肃甘南等地学习培训。通过系列培训措施，四川省阿坝卫生学校建立了一支年龄、学历、职称结构、专兼比例合理，具有良好医德师风，专业教学能力、实训指导能力显著提升，教师合作精神、爱岗敬业意识强的藏医药双师型教师队伍，为弘扬民族医药文化提供了重要的人力和智力支撑。

（四）藏医与藏药人才培养成为民族医药文化传承主渠道

紧扣落实立德树人根本任务，围绕藏医与藏药两个方向，通过深入调研，明确了阿坝州藏医药人才需求岗位、素质规格。严格按照教育部《关于职业院校专业人才培养方案制订与实施工作的指导意见》的框架和体系，认真研读和参照四川省示范（特色）专业建设系列标准，组织藏医药专业教师、专业建设团队、专业建设委员会委员进行多次商讨、修改，形成了定位准确、目标明确、具有可操作性的专业人才培养方案，确定了始终坚持以服务群众健康为宗旨、促进藏医药文化传承和就业为导向、提高素质为基础、提升能力为本位，为藏区群众健康服务的人才培养目标定位。以产教融合统领专业建设，积极实行校企（医院）协同育人，初步构建了"医院+企业+学校"的现代学徒制人才培养模式。根据人才培养目标要求，以藏医药文化传承为核心，以工作任务、工作过程为线索，满足学生个性化发展需要，校企（医院）三方共同拟定岗位学习要求，形成"一体二维三方面"课改体系。"一体"指以培养本土型适用型藏医药人才为主体，"二维"指以文化传承、促进发展二个维度为核心理念，"三方面"指构建公共基础、专业基础、跟师实践三个方面课程体系，形成了学校、企业、医院三类课程，配备了专业教师、外聘教师、医院大师（师傅）三类教师，设置了教室、实训室、企业（医院）实践、野外课堂四个学习地点，真正做到校企融通无缝对接的"三课三师四地"教学活动形式，并形成了职业认识、学徒岗位实践、专业岗位实训、文化传承与保护"四位一体"的教学实践体系。利用藏汉双语、藏汉双文、信息和科技手段呈现的方式，使学生能更好地掌握藏药知识。

（五）培训与活动丰富民族医药文化传播渠道

四川省阿坝卫生学校 2019 年承办阿坝州全省老中医药专家学术继承人培训，共培训学员 97 人次；2020 年学校承办阿坝州全省老中医药专家学术继承人培训，共培训学员 194 人次；同时持续加强对阿坝州各市（县）基层医疗卫生人员的培训，共计完成 291 人次的培训任务。另外，组织开展多种文化传承活动。开展了 20 余次专业实训课及文化宣传教育活动，共计 1 000 余人次，同时还开展了藏药认药比赛等特色活动。接待了青海省、安徽省、四川省、州内多名处级以上领导和专家参观藏医博物馆，指导专业建设工作有关部门领导来校指导工作和参观学习，共计 100 余人次。结合"两联一进"工作，多次到藏家开展藏医药文化宣传和藏医巡诊义诊。与四川中医药高等专科学校签订职教联盟合作协议，并成功召开医教协同——藏医专业人才培养发展联盟成立大会（阿坝州藏医医疗与藏药专业医教联盟），邀请各联盟单位领导及专家、藏医师傅、专业指导委员会成员参加会议，共同探讨藏医医疗与藏药传承发展。

三、成果成效

（一）挂牌四川省中医药文化宣传教育基地

校内建设藏医药博物馆，收藏藏医药标本，收录藏医药人文雕塑、简介、医药著作，建设外治器械和道地药材电子显示屏，采购丹珠尔、甘珠尔（德格印经院非遗文化木刻版印制），藏医药文化氛围浓厚。2020 年学校藏羌医药文化传承保护基地已正式成为"四川省长征干部学院雪山草地分院教学点"。2021 年 9 月学校被省委宣传部、省中医药管理局正式列为第二批教育科研机构类的"四川省中医药文化宣传教育基地"并挂牌。中医药文化宣传教育基地是传播中藏羌医药文化、开展民族医药健康教育的重要载体，是进一步打造民族文化品牌、搭建民族地区对外交流和沟通的平台窗口，让广大人民群众广泛了解民族医药的起源和发展历程，更好地传承和发扬四川省民族医药优秀传统文化。

（二）对区域经济和脱贫攻坚贡献成效

通过加强藏医药专业建设，近年来四川省阿坝卫生学校培养了一批优秀的，懂得当地民族语言，适应当地生活环境，下得去、留得住、用得上，能安心一辈子在阿坝州牧区工作的藏医药技能人才。这些在最基层的藏医药人员，是确保全州卫生健康事业发展基层网底建设最基本的人才保障，也是卫生健康事业发展的迫切需要，更是落实党中央推进"三农"工作、加快农村卫生事业、服务乡村振兴的重要内容，对增进民族团结、维护社会和谐稳定都具有重要意义。同时，学校积极开展藏医传承人、继承人培训，近 3 年共培训291 人次；开展全州执业（助理）医师、护士资格考前培训，近 3 年共培训 747 人次；开展全州村医（藏医）业务水平和服务能力提高培训 410 人次；完成全州村医学历教育培训 388 人次。加强对藏医专业人才和其他专业人才的培养，年就业率达到 99% 以上。

（三）藏医与藏药教科研成果

通过项目建设，四川省阿坝卫生学校的教科研工作更上一个台阶。专业教师不仅积极开展教材编撰，还积极参加州内外的教师教学能力大赛、教学设计比赛、行业内教师教学比赛等活动内容，并取得了优异成绩。1 位老师获阿坝州首届健康阿坝"大美医者"荣誉称号，1 位老师获 2021 年全国藏药辨识技能大赛优秀指导老师并取得阿坝州医学会专业学术组织任职证书。在国家级、市级专业期刊中发表《藏医药防治新型冠状病毒肺炎的措施》等专业论文 4 篇。特别是 2020 年学校组织教师参加全省教师能力大赛，获得了 1 个一等奖、4 个二等奖；组织学生参加全国藏药辨识大赛和全省护理技能大赛，都取得了优异成绩。

（四）促进学校办学水平整体提升

通过藏医医疗与藏药专业的建设，四川省阿坝卫生学校所有其他专业在教学模式、课程改革、教师队伍建设、文化建设等方面都较建设前有了明显改变和提高，教学质量得到明显提升，学校的整体办学能力明显增强。2021 年，四川省阿坝卫生学校整体并入阿坝职业学院，成为阿坝职业学院医学院马尔康校区，依托四川省阿坝卫生学校藏医医疗与藏药特色专业的建设，阿坝职业学院向省教育厅申报了藏医、藏药高职专科专业，并接受了省厅专家组的现场验收，藏药专科专业已获得省中管局、省教育厅批准，藏医专科专业正由省上报国家批准。

四、示范推广

（一）对学校其他专业建设的示范引领作用

通过藏医医疗与藏药特色专业的建设和辐射，学校 2019 年投资 243.77 万元新建了"人体生命科学馆"，带动了护理、康复等其他专业的发展，为学校整体合并到阿坝职业学院、为阿坝职业学院成功申报专科护理奠定了坚实基础。同时，以藏医药特色专业建设为契机，从州人民政府申请资金修建了羌医药医史馆，成功开设农村医学（羌医药方向）专业课程，成为全省乃至全国唯一开设羌医药专业课程的学校。

（二）校外示范辐射作用

通过专业建设带动，四川省阿坝卫生学校 2020 年争取政府投入 120 万元新建 150 个机位计算机标准化考试资源建设。通过建设，目前学校共有 480 多个计算机机位，为学校信息化建设、教考分离、提升教学质量打下了良好的基础。正因为如此，近年来，学校陆续承担了全州卫生专业人员职称考试、护士资格考试、执业（助理）医师考试考务任务以及人事、司法、应急、金融、税务部门的社会考试及面试工作，社会服务工作得到了四川省司法厅、州级相关部门的高度肯定和认可。

（三）弘扬和传播民族医药文化

一是利用四川省长征干部学院雪山草地分院教学点优势，加大对国内、省内来州学习的学员对中医药（藏羌医药）文化的宣传力度；二是充分发挥四川省中医药文化宣传教育基地作用，做好对外开放服务，特别是对学生做好开放，让更多的群众、学生了解民族医药文化；三是积极参加全省大型中医药（藏羌医药）文化宣传教育活动和全州重大宣传活动，同时开展有特色、有新意宣传活动，进一步弘扬藏羌医药文化。

五、总结

阿坝藏族羌族自治州作为四川省域内产业布局单一，GDP 总量靠后的地市州之一，政府多措并举促进藏医药事业健康发展，四川省阿坝卫生学校肩负藏医药产业人才培养的重任。通过两年多的藏医医疗与藏药特色专业建设，在人才培养模式、课程改革、人才培养、教学质量等方面有了明显改变和提升，藏医药文化内涵更加明显。羌医医史馆的建设，不仅在规模还是内涵上，都为传播和传承藏羌医药文化提供了坚实的基础。四川省阿坝卫生学校将进一步深化与藏药企业、藏医院的合作交流，更好地发挥"师带徒"作用。同时加强宣传、发挥好中医药文化宣传教育基地作用。在已建好的藏医药博物馆基础上，指导其进一步加强内涵建设，完善功能，发挥好藏医药文化传承和保护基地作用，弘扬民族医药文化。

第九章

中高职衔接的专业建设实践

探索和创新中高职贯通人才培养模式，有助于构建中高职一体化办学道路，搭建职业教育学生持续成长桥梁，变"终结教育"为"终身教育"。四川省中职示范（特色）专业建设立足破解中高职衔接局限于学制衔接等外延与粗线条的衔接难题，发挥内涵性衔接的优势，以示范（特色）专业建设为抓手，通过政策引领等外部手段与专业设置、培养目标对接等内部要素的贯通与衔接，构建中职与高职"手段+内容"的衔接合作模式，实现在教育内容、教育体制等方面相互承接、相互分工、不重复浪费，以形成一种有机的结合状态。

总结当前四川省中高职衔接的专业建设实践，主要集中在以下几个方面：其一，创新中高职衔接工作机制，构建一体化教学资源建设，共建共享师资团队，为完善职教体系拓宽路径；其二，以职教集团为平台，贯彻集约化管理理念，构建高职—企业—中职"三联动"机制；其三，对接证书标准，贯通课程体系，对接世赛标准，贯通评价体系，对接企业真实情境，构建了同课递进、同证进阶、同源共享的教学资源；其四，统筹高职院校、中职学校职业教育优势、普通高等院校的师范教育优势和企业行业的实践实训优势，坚持"师范性+职业性+发展性"教改新思路，共建共享师资团队。接下来，将以极具代表性的中高职衔接人才培养机制建设、教学资源建设、师资团队师资团队建设实践，呈现四川省职业教育在中高职贯通培养上的专业建设实践案例。

第一节　中高职衔接专业人才培养机制创新实践

中高职衔接人才培养体制机制建设是构建职教体系，促进中高职无缝衔接，保证中职专业建设质量的排头雁。为加快建设现代职业教育体系，推进中等、高等职业教育协调发展，构建灵活开放的终身教育体系，成立了四川电子信息职教集团，形成联席会议机制，为四川省中职电子信息类专业搭建了深度合作平台。中高职学校以"一体化设计"为思路，保障专业有效衔接，规范招生考试，打通中职学生升学通道；对接电子信息产业链，遵循电子信息行业标准，共同制订了中高职一体化人才培养方案，丰富了四川省中职电子信息类专业内涵，破解了中职"断头教育"瓶颈困境。

一、中高职衔接人才培养背景

（一）中高职衔接是支撑四川经济发展的必由之路

为提升中职专业建设质量，构建现代职教体系，推动中高职贯通培养，国家先后出台一系列制度对中高职衔接予以政策支持。《国家中长期教育改革和发展规划纲要（2010—2020 年）》要求职业教育要融入终身教育理念，搭建终身学习"立交桥"，指出要形成适应经济发展方式转变和产业结构调整要求、体现终身教育理念、中等和高等职业教育协调发展的现代职业教育体系。《国家职业教育改革实施方案》提出"完善学历教育与培训并重的现代职业教育体系，畅通技术技能人才成长渠道"。

以 5G 和大数据、智能终端、基础电子、集成电路、工业互联网为支撑的电子信息产业已然发展成为四川省的第一大产业，主营业务收入率先突破万亿元。然而，中职学校电子信息专业人才培养规格难以满足四川省电子信息在核心技术、配套能力以及人才储备等方面的要求，亟待通过中高职衔接工作，培养电子信息高素质复合型技术技能人才。

（二）中高职衔接是提升中职专业建设质量的应然使命

伴随着我国经济的迭代发展，行业产业对人才的需求从劳动密集型向技术密集型转换，实质上就是劳动力结构高级化和人才需求结构变化的过程，对职业教育技术技能人才培养提出了新的更高要求。要扭转中职"断头教育"不利局面，亟待中职专业建设向纵深升级发展，需要与高职院校"小手牵大手"，广泛开展中高职衔接工作，整合中高职双方优质资源，构建一体化育人体系，实现中高职院校"捆绑式"协同发展，提升专业建设质量，破解产业加速转型升级与高素质技术技能人才供给结构性矛盾难题，既为"类型教育"指引了方向，亦为中等职业教育注入了活力，进而构建与区域经济同步共振的职业教育体系。

（三）体制机制建设是中高职衔接工作落地生根的实然之策

体制机制建设是中高职衔接工作落地生根的前提和保障。《关于加快发展现代职业教育的决定》指出："要深化体制机制改革，统筹发挥好政府和市场的作用，加快现代职业教育体系建设。"中职学校和高职院校存在管理部门不同、办学层次不同等差异性，若缺乏政府的高位推动，没有相互衔接的机制，会呈现"贯而不通"的局面。因此，中高职衔接的落地主要依靠政府的宏观调控、高职学校的主动作为，创新中高职衔接体制机制，有效构建起中职学校、高职学校、企业三元主体融合协同的职业教育人才培养共同体，制订一体化人才培养计划，形成系统化的职业发展规划，使学生一直在职业教育的范畴内接受培养，为其持续学习和健康成长拓展空间，搭建了人才成长立交桥。

（四）中高职衔接培养体制机制存在本然之困

近年来，通过不断探索，中高职衔接在模式与路径方面取得了一定的经验和成效，但是由于起步晚和涉及面广，在中高职衔接培养机制方面仍存在诸多问题。一是中高职衔接缺乏有效平台。中高职学校分属不同主管部门，缺乏交流沟通平台，在人才培养过程中相互割裂，缺乏一体化的融合，部分院校合作仅限于"一对一"的交流，呈现松散零星合作的局面，中高职学校因"被"参与衔接工作，认可度与获得感较低，存在各自为政的"孤岛"现象，学校育人质量差异较大。二是中高职衔接工作推进乏力。虽然国家通过一些政策倡导并推进中高职衔接培养，但在职业院校推进过程中重视不够，缺乏从完善职教体系、提升专业建设内涵的角度深入推进中高职衔接工作。中职学校因受社会环境、生源渠道、同行竞争等不利因素影响，对中高职衔接工作持消极态度，对中高职衔接持漠视态度，缺乏革新精神。三是中高职培养目标分离。中高职双方在制订人才培养目标时没有体系一体化理念，呈现中职阶段和高职阶段培养目标各自为政的分离状态。高职院校在人才培养目标中，将中职对口升学学生和普通高中升学的学生在培养规格、培养层次和专业技能方面"平等"对待，没有提出明确的差异性目标。同时，中职学校比较重视学生的操作能力，忽略了理论基础的培养。

二、主要做法

为推进中等、高等职业教育协调发展，提升四川省中职电子信息类专业建设质量，构建灵活开放的终身职业教育体系，四川信息职业技术学院牵头成立了四川省电子信息职教集团，创新中高职衔接体制机制，为四川省中职学校信息类专业开展示范专业、特色专业建设拓宽了道路。

（一）搭建中高职衔接平台

要实现中高职的有机衔接，首先要搭建好中高职衔接的平台，组建区域性职教集团则是一种有效途径。四川信息职业技术学院以推动中高职一体化发展为目标，以提高人才培养质量和办学水平为核心，按照"政府指导、龙头带动、校际联合、校企合作、资源共享，优势互补、共谋发展"的理念，以共建共赢、共通共享、共管共育为校企合作的原则，联合政府、行业企业和相关高职学院、中职学校，牵头成立"四川电子信息职业教育集团"，汇集50余所职业院校和60余家企业。通过利益驱动，与集团内中职学校签订"3+3""3+2"中高职贯通人才培养协议，对高职、中职、企业的职责权利予以明确规定，为中高职衔接在体制、机制、模式等方面的探索与实践以及提升中职专业建设质量，为最终实训中高职一体化办学道路搭建了广阔的平台。集团下设贯通培养专委会，建立常态化的联席会议制度，广泛听取兄弟院校和企业意见，对各学校衔接工作给予指导、监督、评价，共同推动中高职教育共建共享，实现贯通培养由初期松散的"契约型"转变为利益相关、目标趋动一致、结合紧密的"资产—契约型"，实现优势互补、互利共赢、资源共享、人才共育的目标，形成校校间、校企间资源互补，疏通了利益相关方有效交流渠道，保证了中高职贯通的有效性、规范性。

（二）建立中高职衔接保障运行机制

中职学校和高职院校依托四川省电子信息职教集团，建立了统筹中高职衔接的管理制度，进一步调动合作中职学校、企业参与的主动性和积极性，通过制度释放中高职办学活力，提高衔接质量，提升办学水平。为打破中高职各自为政的"脱节"局面，四川信息职业技术学院划拨了中高职衔接专项资金，联合各中职学校召开联席会议，重新设计了中高职衔接人才培养方案，整合行业企业岗位标准，重构了中高职一体化课程体系，规范了电子信息类中职专业教学内容，丰富了教学资源，确保中高职衔接工作顺畅运行。

（三）构建中高职培养目标无缝衔接机制

以四川电子信息职教集团为依托，整合集团内各成员单位优质资源。通过开展人才需求调研，确定中高职人才的合理定位，以为企业培养未来员工为目标，整合中高职学生知识结构、技能和素质要求，制定电子信息类企业岗位标准相适应的岗位等级标准和任职要求，进一步落实持证上岗制度，建立岗位证书制度、岗位培训制度、薪酬激励制度等相互融合机制，打造复合型岗位证书制度执行体系，开展职业资格认证培训。将岗位证书和职业准入制度与集团院校的人才培养目标衔接，将岗位标准纳入院校人才培养体系，建立职业教育集团院校毕业证书与企业就业准入的认证通道，最终实现中高职培养目标的有机衔接，如中职和高职的培养目标可分别以中级和高级职业技能等级证书为标准。学生在中高职学习阶段的校外生产性实训和顶岗实习安排在职教集团内的企业完成也有利于保证培养目标的有效衔接，同时也促进职业院校人才培养与企业实现"零距离"对接，实现企业文化、岗位标准有机融入衔接班教育教学全过程，构建了高职—中职—企业利益共同体，实现三方联动。在建立中高职培养目标的有机衔接条件下，统一制订中高职人才培养方案，实行统一学分制管理。

（四）创新形成中高职衔接共享机制

为确保中高职衔接工作高质量推进，学院与合作中职学校在实训资源、师资团队、管理班级等方面形成共享机制。

共享实训资源，确保实训教学效果。集团内企业资源面向贯通班开放，定期接纳参加实习实训的贯通班学生，教务处不定期检查实习实训情况，对学校指导老师、企业师傅给予理论和实践指导，确保实训效果；利用高职院校的实训设备和师资团队力量，组织贯通班学生去集中实习实训，中职教师全程观摩，让学生提前感受高职院校的校园文化，激发其升学的激情与愿望；接纳贯通班学生到高职院校参加技能竞赛训练，提高竞赛水平，实现了实训资源的对接。

共育师资团队，提供育人保障。高职院校和中职学校按照"人才共享，责任共担"原则，执行常态化中高职师资"互兼、互聘、互帮、互研"团队建设机制，打造由中高职院校骨干教师、专业带头人、课程负责人为主体，专兼结合的专业师资绩优团队，实现中高职贯通培养师资团队的强强联手。通过集团内的师资培训、线上线下教研活动等途径，增强教师对中高职教育贯通培养模式的理解，明确贯通培养的核心理念，明晰自身的定位既非中职教师亦非高职教师，更新个人教学理念，改善教学方法，从课程设计、教材开发、课堂教学、学生管理、专业技能等方面有针对性地进行贯通培养的实践探索，边研究边实践，为一体化人才培养总结经验；中高职学校双方每年有计划地选派教师流动跟班学习、相互兼课或教学指导，邀请集团内企业行业的能工巧匠、大国工匠加入学校的教学培训中，分享企业工作的真实案例和最新行业发展动态，共同开发和设计一体化课程体系，编写新型活页式教材和工作手册式教材，联合开展横向课题研究，提升了师资团队水平，为贯通培养夯实了基础。

共同管理班级，实现管理无界化。在贯通培养专委会指导下，中高职双方共同管理贯通班。选派专业教师通过现场考核和远程面试相结合的方式，选拔合格学生组建班级，实行"双导师"管理机制，双方各选一位教师担任班导师，共同管理班级。借助随机听课、师生座谈等活动掌握教学质量。定期联合开展教研活动，分享贯通培养工作经验，明晰工作的方向，集中研讨培育过程中的难点痛点问题。中高职双方共同参与成绩考核，对学生的专业能力和操作能力给予综合评估，根据评估结果共同商讨教学内容和方法的改进方向，形成教务管理、师资管理、教学实施计划管理等方面协同育人机制，实现管理育人无界化。

（五）构建中高职衔接人才培养质量协同评价机制

高职院校联合合作中职学校、企业共同制定质量评价标准，积极探索质量评价改革，逐步建立以职业能力为核心、以岗位任务为载体、有明确的梯度和层次要求的质量评价方式，以企业标准进行人才培养质量评价，引入第三方质量评价制度，联合制定学生阶段学习评价标准，改变了学校单一的人才培养质量评价，提升了人才培养的精准性。

学校联合合作中职学校、电子信息类企业成立了考核认证工作小组。通过召开电子信息类专业岗位能力研讨会，明确了中职电子信息类专业岗位能力要求，建立了专业岗位标准，借助信息化手段，通过大数据分析形成了电子信息类专业中高职衔接教学标准和课程标准。通过召开四川电子信息职教集团联席会，探讨并形成企业人力资源管理相关标准、企业人才等级评定标准和中职电子信息类专业升段考核测试方案。对专业技能和职业素养进行模块划分，制定测试题库，全面考核学生的专业综合能力，考核内容涵盖职业道德修养、职业资格标准和岗位技能标准，促进了中职电子信息类专业教学改革，有效缓解了学校教育落后于岗位人才需求之间的矛盾。

三、成果成效

（一）构建了贯通培养新机制

以共建共赢、共通共享、共管共育为原则，联合行业企业和相关中高职院校组建职教集团，下设贯通培养专委会，为中高职贯通培养搭建了广阔的平台。整合成员单位优势资源，契合电子信息行业企业对技术技能型人才的规格要求，通过利益驱动，实现"校际联合、校企合作、资源共享，优势互补、共谋发展"的格局，推动贯通培养由初期松散的"契约型"转变为利益相关、目标趋动一致、结合紧密的"资产-契约型"，形成校校间、校企间的资源互补，创造性地构建了贯通培养长效机制。

（二）形成中职-高职-企业三方互利共赢命运共同体

针对中高职衔接过程中存在的高职、中职、企业自娱自乐的现象，学院将相关者利益兼顾理论应用到贯通人才培养过程，将企业岗位标准融入贯通培养，确立了梯度推进的培养目标，构建了一体化课程体系，整合中职、高职、企业资源，共同制订了中高职培养目标、课程体系、实训资源无缝衔接的贯通人才培养方案，均衡了高职拓展优势生源、企业储备优秀员工、中职增强办学吸引力多方利益需求，促成了中职—高职—企业"三方联动"，形成了三方互利共赢命运共同体。

（三）优化了中高职贯通人才培养方案

通过企业参观、会议交流、个别访谈等方式进行专业调研，针对成都电子信息学校、成都汽车职业学校、成都现代制造学校、德昌职业高级中学、苍溪县职业高级中学、南溪职业学校等中职学校示范专业、特色专业建设项目，强化校企合作，签订高职—中职—企业联合培养人才协议，遵循"一校一案"的原则，精准制订了各具特色的中高职贯通人才培养方案，满足社会对技术技能人才的需求，实现中高职在教育体制、分工合作等方面的内涵式衔接，贯通了一体化人才培养目标，为四川省高职—中职—企业无缝衔接探索了道路。

四、示范推广

（一）引领四川省"双示范"建设

创新中高职衔接培养机制，为四川省中职"双示范"建设项目拓宽了路径，实施"扬峰填谷"促均衡战略，推动四川省中职学校优者更优、弱者渐优。与四川省苍溪县职业高级中学示范专业现代农艺技术专业（物联网方向）签订了专业领办协议，修订中高职贯通人才培养方案，依托物联网技术指导实训基地建设，实现对红心猕猴桃、雪梨等地方特色产业的光照、浇水、施肥等环节的智能控制，助推该校服务区域特色产业发展，提升了专业综合实力，在首批"双示范校"中期检查中取得全省第三的佳绩；联合优质企业共同建设剑阁职业高级中学示范专业，三方共享教学资源，完善贯通培养课程体系，形成一体化育人模式，在第二批"双示范"建设中期检查中排名全省第一；精准帮扶基础薄弱的开江县职业中学，从教学资源建设、校园文化打造等方面给予指导帮扶，全面提升了学校内涵，成功创建四川省"双示范校"。

（二）助推四川省中职电子信息类专业走内涵发展道路

四川信息职业技术学院以提升四川省中职电子信息类专业整体质量为目标，指导中职学校本专业教师联合开展教研、科研活动，共同开展混合式教学模式改革，编写了《物联网基础》《计算机基础》等中高职衔接教材 5 本，联合建设省级精品资源共享课程 3 门。提升了专业建设内涵，成效明显，获省级教学成果奖一等奖 2 项、二等奖 5 项，教师参加省教学能力大赛获一等奖 4 项、二等奖 8 项、三等奖 18 项；中职学校学生获国家技能大赛 3 项，省级大赛获奖 10 项。

五、总结

中高职衔接是构建现代职业教育体系的根本要求，是推进职业教育现代化的有力抓手。机制建设是影响职业院校中高职衔接成效的风向标，这需要相关部门、中高职学校不断地解放思想，统一认识，深化改革，共同构建衔接机制，通过平台的搭建、培养目标的整合、共享机制的建立、评价机制的构建等方式厚植中高职衔接的"土壤"，强化中高职衔接的广度与深度，响应四川省中职"扬峰填谷"战略，推动中职专业建设整体水平的提升，形成全省中职"一盘棋"的格局，助推四川省职业教育跃上新台阶。

第二节　中高职衔接专业教学资源建设实践

中高职衔接是构建现代职业教育体系，助推中职专业建设，实现职教学生可持续发展的应然路径。《教育部关于推进中等和高等职业教育协调发展的指导意见》（教职成〔2011〕9 号）指出"要围绕中等和高等职业教育接续专业的人才培养目标，系统设计、统筹规划课程开发和教材建设，明确各自的教学重点，制定课程标准，调整课程结构与内容，完善教学管理与评价，推进专业课程体系和教材的有机衔接"。中高职衔接具体实施需以专业为依托，专业建设因素的衔接是否顺畅、专业资源是否共享，直接决定了衔接的效果和融合程度。近年来，四川省众多中高职院校大力开展中高职衔接，取得了阶段性的成绩，但多数院校中高职衔接的工作着力点放置在生源衔接上，课程体系仅局限于中高职阶段的粗暴叠加，实训资源建设和利用亦是故步自封，缺乏深度交流、合作，呈现狂放型的简单衔接状态，缺乏可持续发展的动力。成都工贸职业技术学院聚焦智能制造产业，联合中职学校，采用系统化理论，把"中职—高职"培养过程整体纳为一个闭环的培养周期，对接工业机器人岗位标准，构建中高职衔接教学资源，为中高职衔接教学资源建设实践提供有效借鉴。

一、中高职衔接资源建设背景

（一）中高职课程体系衔接是顺应经济发展的重要举措

随着"中国制造2025"国家战略的深入实施，伴随产业的升级发展，技术的日新月异对职业人才提出了更高层次的要求，中等职业人才已难以满足岗位能力标准，升入高等职业院校继续学习成为学生、家长、用人单位的夙愿。这为中职学校专业建设带来巨大挑战，人才培养由就业升学并举向升学为主转型，中高职教育衔接的需求越来越迫切。一体化课程体系的构建是中高职衔接工作有效推进的重要保障。

（二）中职工业机器人专业中高职课程体系衔接亟待优化

工业机器人的利用是制造强国转型升级的重要技术支撑，是"中国制造2025"的主要载体。而工业机器人专业作为一个新兴专业，可供借鉴的专业建设资源有限，中职学校专业建设过程中，课程体系建设与高职院校缺乏延续性，在教材和教学资源建设方面缺乏与高职院校的纵向沟通，课程体系建设呈现各自为营的局面，未能实现贯通衔接。教材的建设与选用缺乏统一规划，中高职阶段相互割裂，教学内容的梯度和难度缺乏系统性，交叉、重叠甚至断续的现象仍然存在。课程的衔接是中职和高职衔接的落脚点，课程体系的不衔接使学生转段升级后出现"难消化""吃不饱"等现象。

（三）中职工业机器人专业实训资源匮乏

理实一体教学是工业机器人专业教学不可或缺的环节，凸显实训资源建设的重要性。工业机器人成本高，实训室建设投资大，很多中职学校由于建设资金严重不足，实训室建设缺乏远景规划，硬件建设滞后，实训设备数量少、更新慢，无法跟上市场的步伐。中职毕业生对企业的吸引力有限，企业对共同参与中职机器人专业人才培养兴趣较低，缺乏稳定的、满足教学需要的实习实训场地，专业实习常常降低要求，时间和效果不能保证，学生对企业认知、生产现场管理、机器人典型应用等参与度低，对工业机器人企业文化、企业精神和理念理解不深，理论知识和岗位操作能力契合度不高，专业认可度低，阻碍了专业建设发展进程。

二、主要做法

成都工贸职业技术学院聚焦智能制造产业，联合中职学校，采用系统化理论，把"中职—高职"培养过程整体纳为一个闭环的培养周期，对接工业机器人岗位标准，构建中高职衔接教学资源，对接 KUKA 证书标准，贯通中高职阶段课程无缝衔接课程体系，对接技能竞赛标准，构建以赛促教、以赛促学体系，联合企业共建实训基地，纵向打造"中高职衔接"的人才培养实训资源，实现中职、高职、企业实训资源共享共用，构建了"三对接、三贯通"中高职贯通人才培养模式，引领四川省中职工业机器人专业优化了教学资源，重构了专业课程体系，夯实了实训环境，提升了专业建设质量。

（一）对接岗位标准，一体化设计人才培养方案，贯通培养体系

由高职院校牵头，统筹行业企业多方资源，会同中职学校共同研究制订一体化人才培养方案，充分考虑人才成长规律和学生职业能力发展规律，统筹安排教学计划、课程选择、实践实习、考试评价、质量监控等环节，分层逐级培养，确保人才培养质量。

整体分析职业岗位类型，分层确定岗位能力。根据四川省"5+5+1"现代产业体系及"十四五"产业发展规划，充分调研四川省电子信息产业功能区、西门子数字化工厂等园区、企业、协会，根据工业机器人专业的典型应用场景分解出工业机器人4大岗位群，对接其中的7个典型岗位的标准，构建"新手—生手—熟手—能手—高手"能力进阶模型（见图9-2-1），实现中高职培养目标和岗位能力科学衔接、层层递进。

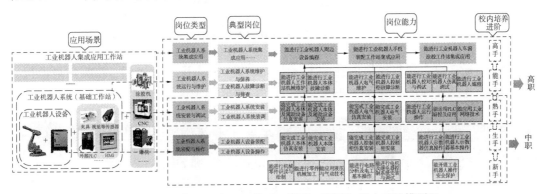

图9-2-1　"新手—生手—熟手—能手—高手"能力进阶模型图

明晰各阶段培养目标，一体化设计人才培养方案。围绕"五手"能力进阶模型，着眼于中高职培养一体化，研究中高职两个阶段的人才培养层次、类型、规格及目标定位，明确中高职贯通专业在培养目标上的递进、延展和衔接的关系。以能力递进为主线，整体设计13个课程项目，分段实施，统一课程、统一认证、统一资源，构建了中高职贯通的人才培养方案，确保人才培养质量。

（二）对接证书标准，一体化设计课证融通内容，贯通课程体系

同课递进，有机衔接专业课程体系。以构建"模块化、递进式"课程体系为抓手，整体设计"中职—高职"培养过程中的13个课程模块，打通中高职课程衔接的堵点，实现课程衔接的连续性、逻辑性和整体性。即以"模块化"课程为基础，根据中职课程要突出基础性、定性化、重复性操作训练的特点，高职课程"递进式"要突出系统化、综合化、职业化特色的特点，分层构建专业课程体系（见图9-2-2），成功避免中、高职课程内容的脱节和简单重复。

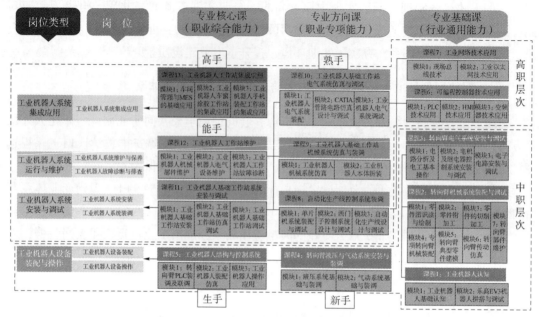

图 9-2-2 专业课程体系结构

同证进阶，整合课程模块内容。统一认证，将 KUKA 证书的知识、技能体系进行解构、重构，融入专业课程内容（见图 9-2-3）。依据 KUKA 认证标准，将中高职部分课程

层次		代表性典型工作任务	课程模块	KUKA机器人认证对应职业能力	KUKA机器人证书
高职	高手	工业机器人工作站集成应用	工业机器人手机装配工作站的集成应用	1-7能识读机器人装配工作站装配图、气路原理图和电气原理图 5-3能编写机器人装配工作站工业机器人控制程序 5-4能编写机器人装配工作站外围PLC、视觉等控制程序 5-5能完成机器人装配工作站联机综合调试	Level 5 KUKA机器人编程2级认证
	能手	工业机器人系统保养	工业机器人基础工作站调试	3-6会进行机器人的基本操作 3-7能创建或修改机器人运动程序 3-8能进行机器人逻辑编程 3-9能与上级控制系统工作	
			工业机器人工作站故障诊断	4-1能进行工业机器人工作站机械维护 4-2能进行工业机器人工作站电气维护 4-3能进行工业机器人日常保养	Level 4 KUKA机器人电气系统维护和高级诊断认证
中职	熟手	工业机器人仿真调试	工业机器人基础工作站安装	1-6能根据工业机器人本体的安装环境要求确定安装位置	Level 3 KUKA机器人编程1级认证
			工业机器人基础工作站机械系统仿真与装调	5-1能对工作站进行仿真分析，规划正确的机器人、非辅助设备和产品动作件和运行路径 5-2能根据工作站的布局要求，搭建起工作站3D模型	
	生手	工业机器人运行操作	工业机器人操作应用	3-1能进行示教器基本参数设置 3-2能准确建立工业机器人工具、工件等坐标系 3-3能运行简单程序，操作工业机器人单轴运动 3-4能备份、恢复工业机器人程序及数据	Level 2 KUKA机器人电气维护认证
	新手	工业机器人本体装配	工业机器人基础认知	1-1掌握相关安全知识 1-2掌握如何使用专供工具的技能 2-1掌握机器人结构及功能	Level 1 KUKA机器人机械维护认证
			转向臂机械装配	1-3掌握机械基本原理 1-5掌握机械手臂相关技能	
			液压系统基础与装调	1-4能根据液压原理图，选择并安装液压零部件，并能正确连接管路	
			气动系统基础与装调	1-5能根据气动原理图，选择并安装气动零部件，并能正确连接管路	
			电路分析及电工基本操作	2-2能正确识读电气线路图，选择电气元件并识别安装位置 2-3能正确掌握电工工具、测试工具的种类及使用方法	
			电机及继电器控制系统安装与调试	2-4掌握控制内部元器件的工作原理	

图 9-2-3 课程模块与 KUKA 技能认证标准职业能力对应

对应 KUKA 机器人证书的认证标准，同时将教学中重复、落后、不适应证书要求的内容进行删减，形成典型工作任务模块集，提升课程的整体性，使教学过程更贴近生产实际，最终实现专业课程与企业认证共生共长。

同源共享，打造院校企行共同体。以资源整合为抓手，统筹中高职院校的教学、设施、师资、企业等资源，建立共享型资源平台，实现教学资源一体、设施资源共建、师资资源共用、企业资源共享，推进中职高职、行业企业全程对接、全程共育。

（三）对接竞赛标准，一体化设计评价要素，贯通评价体系

借鉴世界技能大赛 CIS 评价系统全要素、多维度评价的特点，设计中高职贯通培养评价体系，以学生发展为中心，采集中高职贯通课程体系中所有能力需求要素，根据能力进阶阶段，分段式设计考核目标，"学校、行业、企业、学生、社会"多主体、主客观双维度评价（见图 9-2-4）。

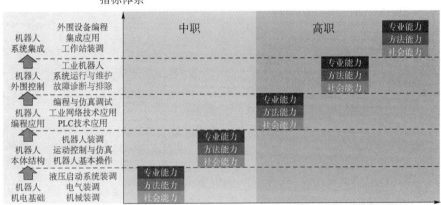

图 9-2-4　"全周期设计-多主体参与-双维度测评"的全面质量评价系统

全周期设计，递进式推进。围绕"五手"能力模型，引入世赛 CIS 评分系统，建构专业能力、方法能力和社会能力评价要素，设置中高职分段递进的考评指标，厘清中职校和高职院工业机器人专业人才培养规格中相同点、相近点、不同点，避免中、高职评价指标点的重复和缺位，形成以递进式目标为导向的阶段性评价结构体系，实施全周期监测。

多主体参与，双维度测评。借鉴世赛 CIS 评价理念，制定针对综合能力培养的完整考评要素，学校、行业、企业、学生、社会共同参与评价。设置比例动态变化客观考评内容和主观考评内容，客观评价严格监控专业技术目标的达成，主观测评通过对教学过程的观测有效促进学生素质能力和职业能力的提升，实施"客观-主观"双维度测评。以"熟手"能力评价为例展示，见表 9-2-1。

表 9-2-1　"熟手"能力模型评价要素

评价内容	评价要素	评价主体	评价维度
专业能力	1. 能掌握三菱可编程序控制器编程基础知识	学校	客观
	2. 能使用梯形图、流程图编程编写 PLC 基础控制程序	学校	客观
	3. 能对可编程控制器常见故障进行诊断和排查	学校+企业+学生	客观+主观
	4. 能使用触摸屏和变频器进行调速控制	学校+企业+学生	客观+主观
	5. 能掌握现场总线通信与网络基本理论知识	学校	客观
	6. 能组建 ProfiBus 总线、CC-Link 总线通信系统及工业以太网网络系统	学校	客观
	7. 能用 C 语言对单片机系统设备进行控制	学校+企业+学生	客观+主观
	8. 能对单片机系统设备进行装配和调试	学校+企业+学生	客观+主观
	9. 能理解西门 S7-300 的系统特性	学校	客观
	10. 能掌握西门子 PLC 编程语言、指令及程序结构，正确使用软件进行程序设计	学校	客观
	11. 能设计 WINCC 的监控画面	学校	客观
	12. 能正确应用变频器和射频装置配合 PLC 系统设计	学校	客观
	13. 能正确应用 PROFINET 进行自动化生产线组网设计	学校	客观
	14. 能综合应用传感器技术、气动技术、HMI 技术以及 PLC 技术完成自动化生产线设计	学校	客观
	15. 能对自动化生产线进行设备安装、调试与维护	学校+企业	客观+主观
	16. 能正确阅读工业机器人部件装配图、零件图和技术文件，进行机械部件装配	学校+企业	客观+主观
	17. 能正确阅读工业机器人的电气原理图、电气安装图，完成电气装配	学校+企业	客观+主观
	18. 能使用达索软件创建工业机器人机械部件，并进行动画仿真	学校+企业	客观+主观
	19. 能按照工艺要求对工业机器人进行仿真拆装	学校+企业+学生	主观
	20. 能对工业机器人机械部件进行模块化拆装、调试、控制与维护	学校+企业+学生	主观
	21. 能对工业机器人电气线路进行安装、调试、维护	学校+企业+学生	主观
	22. 能处理工业机器人的常见故障，并作相应检查维修工作记录	学校+企业+学生	主观

续表

评价内容	评价要素	评价主体	评价维度
方法能力	1. 能制订系统的工作计划	学校+企业+学生	客观+主观
	2. 能在工作中适时地进行质量控制	学校+企业+学生	主观
	3. 能掌握新知识的学习方法	学校+行业+企业+学生+社会	主观
	4. 能在工作执行过程中有逻辑性和创造性	学校+行业+企业+学生+社会	客观+主观
	5. 能遵守安全操作规程	学校+企业+学生	客观+主观
	6. 能采用信息化手段进行工作任务的展示和汇报	学校+行业+企业+学生+社会	主观
社会能力	1. 能有效地进行团队合作	学校+行业+企业+学生+社会	主观
	2. 能有效地与同学、教师和企业专家沟通	学校+行业+企业+学生+社会	主观
	3. 能在工作中灵活处理自己的角色	学校+行业+企业+学生+社会	主观

（四）对接真实情境，共建共享一体化实训资源，贯通实践教学体系

制定了《工业机器人专业中高职实训基地共建共享管理办法》，对本专业中高职衔接所开展的实训项目的目标任务、执行机构、效益评价、共享内容及要求予以明确规定。组建了由中职、高职、企业三方组成的实训基地管理委员会，通过定期召开协调会议或例会，及时沟通与解决出现的问题，具体实施中高职实训基地的建设、管理与协调职能，行使基地的最高领导权和决策权。

建立实训资源大数据管理平台，实现实训基地完善升级。利用信息技术，建立了工业机器人实训资源管理平台，整合了本专业虚拟仿真实训中心、实训教学资源、技术服务项目等资源管理，实现中高职学生的实习实训及企业员工的培训共享共用，并发布学生实习实训需求，实时接收企业员工的相关培训需求信息，实现在校校之间、校企之间共享共用，推动中职—高职—企业三方携手参与实训基地建设，达到校校、校企互利共赢的效果。

三、主要成效

（一）创新构建了"三对接、三贯通"中高职贯通人才培养模式

根据中、高职两阶段的人才培养目标，以工业机器人设备装配与操作等四个岗位类型

的岗位能力为主线，将企业全面质量管理理论（TQM）运用到中高职贯通人才培养，遵循符合中高职学生身心特征、认知特点、知识结构，遵循职业能力发展和职业成长逻辑规律，从生涯观、知识观、训练观、评价观视角切入，采用系统化理论对中高职贯通培养的目标、路径、过程和评价进行了系统分析与一体化设计，推进需求融合、标准融合、过程融合与评价融合，构建起了课程标准与岗位标准对接、与职业资格证书（技能等级证书）标准对接、与世赛技术标准相对接，贯通培养体系、贯通课程体系、贯通评价体系的"三对接、三贯通"中高职贯通人才培养模式，系统解决了贯通培养过程中的培养体系脱节、课程体系脱节、评价体系脱节等三体系"三脱节"问题，让每个学生都能循序渐进地经历了解职业—学习专业—胜任岗位等过程。该人才培养模式自确立以来，引领四川省工业机器人专业中高职贯通人才培养，应用效果良好，可迁移性强，已推广到四川省中职其他专业以及其他中高职院校的相关专业，为中职专业创新中高职贯通培养模式、提升专业建设质量、探索贯通培养体系化路径提供了参考范式。

（二）创新构建了"同课递进、同证进阶、同源共享"的教学组织体系

对接证书标准，打破传统课程体系，从技术岗位复合型人才需求出发，以典型工作任务为载体，结合中高职学校学习与企业需求的特点，统筹规划并开发全新的课程体系，与行业企业共同探讨出全新的课程项目模块，创新模块化、能力递进式的中高职有机衔接的课程体系，课程内容衔接具备连续性、逻辑性和整合性，实现同课递进。

依据 KUKA 机器人等级认证的标准，将中职部分课程体系对应机器人基础编程认证、KUKA 机器人机械维护认证和 KUKA 机器人电气维修认证；高职部分课程体系对应 KUKA 机器人编程 1 级认证和 KUKA 机器人编程 2 级认证，建构出以行业认证和素养要求为目标的技能逐级进阶、能力渐次提升的实践教学体系，实现同证进阶。

以资源整合为抓手，统筹中高职院校的教学资源、设施设备、师资团队及企业资源，校企之间建立了一个共享型资源平台，在传统共用的基础上，通过网络实现在线共用，提高资源的有效利用率，实现资源联动，使各类资源的利用率最大化，共同服务于培育社会需要的顶尖技术技能人才，实现同源共享。

（三）创新构建了"全周期设计-多主体参与-双维度测评"的全面质量评价系统

评价理念创新。成果将"以学生发展为中心""世界技能大赛 CIS 评价"及企业"全面质量管理""质量管理学中的'PDCA'循环"的理念融入评价体系中，重塑评价目标、评价标准、评价内容，全周期、分阶段设计全面质量评价体系，实现每实施"计划阶段—执行阶段—检查阶段—改进阶段"一个循环，学生达成一个阶段性目标。

评价方法创新。通过多主体参与评价和"客观-主观"双维度测评，加强过程监控与自我诊断评价，注重使用自我诊断、过程评价和发展评价方法及问责机制，评价方法遵循稳定性与拓展性相结合、科学性与可行性相结合、定量评价与定性评价相结合。促进人才

培养体系与质量评价体系互嵌共生、互动共长。

评价技术创新。引入 CIS 信息化评价平台，促进信息化评价手段的应用与创新，建立基于"互联网+"、大数据分析等为基础的评价测评系统。

评价队伍创新。建立高职院校与中职学校教师融合的评价队伍，高职院校教师下沉到中职学校教学评价过程，促进中职阶段教学目标的达成；中职学校教师积极参与高职院校教学评价过程，发现专业后续衔接教学过程教学内容不达标的问题，反推中职阶段教学的改进。

（四）创新构建了"共管实训基地、共享实训资源、共育专业人才"的"三共同"实训教学机制

选派工业机器人专业教研室主任、专业带头人和专业骨干教师分批到中职学校全程参与实训室建设，契合工业机器人所面对的工作岗位的真实情境，共建共管实训基地。主动对接昆山艾博机器人等企业，组织中职机器人专业学生前来实习实训，依托企业技术骨干全程指导学生。充分利用学院的工业机器人实训资源管理平台，统筹学院优势，实现资源和师资团队力量，共享学院的优质实训资源，中高职双方和企业共同参与实训教学，形成共同管理实训基地、共享实训资源、共同培养专业人才的"三共同"实训教学机制，破解了中职学校工业机器人专业实训资源匮乏、理实一体教学难以落地的困境。

四、示范推广

（一）人才培养质量持续提高

本专业贯通培养学生中，有 100 余人参加四川省工业机器人系统集成、四川省国际"互联网+"大学生创新创业大赛等技能大赛，荣获国家、省、市级奖项 100 余项，培养四川省优秀毕业生 48 人，培育装备制造类成都工匠 100 余名。辐射带动乐山第一职业中学、简阳市高级职业中学学生在技能竞赛中 49 人次荣获省市级奖项 31 项，获得国家奖学金 4 人次。

（二）过程性成果丰硕

为四川省中职工业机器人专业制订了贯通培养人培方案 1 套，课程标准 13 门，开发了 4 本总计 30 万字的校本教材和 5 本公开出版教材，制作了教学课件 67 份、教案 100 份、试题库 5 个、教学视频 15G 等教学资源，将"工业机器人仿真技术"等课程建设成精品课程资源；制定成都市总工会百万职工技能大赛工业机器人等工作竞赛标准 4 套，丰富了中高职工业机器人专业一体化育人资源，增强了本类专业的内涵。

（三）专业建设稳步进行

学院引进了德国互动式机械基础课程教学资源等 18 个软件，建立了工业机器人实训资源管理平台，结合真实环境教学资源，建成国家级智能制造生产性实训基地 1 个、四川

省示范性工业机器人虚拟仿真实训中心1个，其中电子产品（西门子PLC）柔性制造虚拟仿真实训基地被成渝地区双城经济圈产教融合发展联盟授予产教融合科技创新典型案例，为乐山第一职业中学、简阳市高级职业中学等中职学校工业机器人专业提供了优质的实训资源，夯实了实训教学环节，提升了专业建设质量。

（四）成果辐射效应强

工业机器人专业"三对接、三贯通"中高职贯通人才培养模式的创新与实践，在12所中高职兄弟院校推广实践，先后3次在第七届全国技工院校校长论坛、首届川渝职业能力建设发展论坛、四川省技师联盟大会上进行经验交流和成果汇报，并被中国网、搜狐新闻网、四川省人社厅官网等多家权威媒体报道。

广西北海职业技术学院、乐山一职中等多所职业院校来学院参观调研、学习交流；成果所形成的虚拟资源分别投放到工业机器人虚拟仿真网站、西门子成都数字化工厂虚拟仿真实训基地网站、智能制造生产性实训中心网站，网站资源的访问量已超10万余人次。

五、总结

工业机器人中高职衔接教学资源建设实践当前主要对中高职衔接人才培养课程体系、课程标准和评价模式、实训资源建设方面进行梳理和总结，中职与高职教育要实现有效的衔接还需要在文化体系和教学管理信息共享等多方面进行深入研究。中高职衔接还需重点考虑如何充分发挥文化的作用，构建和谐统一、多样互融的人才培养文化体系，将优秀的民族文化、产业文化、学校文化、职业文化融入中高职教育中，使学生受到文化的熏陶，获得发展的长足动力；基于"中职—高职"联合培养的视角，归纳出符合中高职衔接教育的教学管理特点，如何创建中高职衔接一体化教学管理信息共享平台，实现中高职院校间的无缝衔接及有效的资源共享。

第三节 中高职衔接专业师资团队建设实践

如何顺利完成中高职有效衔接，协调发展，构建一支能力过硬的师资队伍是关键。在中高职衔接的教学模式中有很多教师普遍存在"老教师、新任务"的问题。为完成中高职有效衔接的人才培养目标，顺利实现中高职衔接，建立一支专兼结合、特色鲜明、相对稳定的"双师型"师资队伍是完全必要的。基于这一背景，四川城市职业学院紧抓四川省中职专业建设中师资队伍建设这一关键环节，紧扣"将教师队伍建设作为基础工作"的职教发展要求，集高职院校、中职学校职业教育优势，高师院校的师范教育优势和企业行业的实践实训优势，协同推进中高职衔接师资团队建设，为省域中职专业提升育人质量保驾护航。

四川城市学院坚持"师范性+职业性+发展性"教改新思路，形成了"三师四能"中职学校师资培养新定位，构建了中高职院校、高师院校、地方政府和行业企业"纵向融通、四方协同"育人新机制，搭建了"两实四训"培养新平台；强化教师内生发展，营造了"两院四项"发展新环境，优化了"一诊三评"评价新机制，为四川省中职学校师资团队建设夯实了基础，师资团队育人水平大幅度提升（见图9-3-1）。该实践案例在全国引起了较大的关注，也为中高职衔接专业建设提供参考范例。

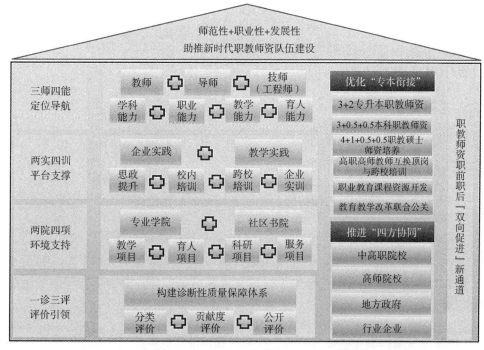

图9-3-1　纵向贯通、四方协同："三师四能"中职教师联合培养改革

一、中高职衔接师资团队培养背景

教师队伍是发展职业教育的第一资源，是支撑新时代国家职业教育改革的关键力量，建设高素质职教师资队伍是加快推进职业教育现代化的基础性工作。党和政府高度重视职教师资队伍建设，但在职教师资培养培训中仍面临着重大机遇和挑战。

一是师资角色定位不清。在职教师资培养培训过程中，对职业教育、职教师资本身的特点认识不够清晰，偏向于传统师范模式或者职业模式，未能对职教师资的内涵做深度分析，对职教师资的典型特征研究不够，导致在职教师资培养中目标定位不清、培养内涵模糊，使得职教师资的培养"适销对路"不够，难以满足职业教育发展的需求。二是师资供给能力不足。受多种因素影响，高等院校对职教师资培养的重视和投入程度不够，培养规模不足，长期缺乏建设和支撑，导致培养规模偏小、数量供给不足；加之对于中职教师职后专业发展的规律和特征研究不够，认识不足，对职教师资专业发展和终身发展的支撑服务不够，导致数量不足、发展不够，难以满足国家和社会对职教师资的高素质专业化创新型要求。三是师资培养机制不顺。由于职业教育的实际特征，对职教师资理论水平、实践能力要求较高，既需要职教师资具有较强的理论基础、学科知识，又要求职教师资具有较强的实操能力、教学能力，更要求职教师资具备融入行业、服务产业的能力。但长期以来，由于院校培养的单一模式，行业企业参与不足，未能形成有效的培养共同体，导致职教师资培养的实践能力、技术能力不强，"双师型"特征不明显。

基于上述问题，确立了基于"三观"的中高职衔接师资队伍改革建设的目标：秉持"大先生观"，着力解决新时代中职教师培养的目标定位与内涵要求问题；秉持"大职教观"，着力解决新时代中职教师培养的机制保障与路径优化问题；秉持"大发展观"，着力解决新时代中职教师培养的师资保障与内生发展问题。

二、主要做法

锚定新时代中职教师培养的目标定位与内涵要求、机制保障与路径优化、师资保障与内生发展三大问题，采取了如下方法。

（一）更新理念，确立"三师四能"中职教师培养新定位

作为教育部高等学校中职教师培养教指委委员单位，坚持"顶天立地"，确立"职业性＋师范性＋发展性"教改思路，依托四川省教师专业发展研究中心等平台，加强"三师四能"中职教师培养定位研究，师资团队职业素养得到整体提升，主持国家和省级项目10余项，发表论著（文）38部（篇），研究成果获省厅级奖8项。

（二）纵向贯通，建立"四方协同"中职教师培养新机制

一是纵向贯通。统筹高职院校、四川省相关中职学校的职教优势和四川师范大学、成都师范学院的教师师范素养培养优势，联合通过"3+2+2"中高衔接专升本中职师范生贯通培养、"3+2"专升本中职师范生贯通培养、"3+0.5+0.5"本科中职师范生交流培养、"4+1+0.5+0.5"中职教育硕士贯通培养等途径，贯通培养汽车服务与工程等10余个领域中职教师5 000余名；推进互换顶岗、跨校培训、资源共建、联合教改等，共建国家和省级一流课程等122门次。二是四方协同。协同四川城市职院、成都师院、四川师大、中和职中，联合四川省7个地市州及华为等50家企业和60家中职学校，构建中职教师培养共同体，开展培养研讨、培训研修等，共建国家和省级特色专业、一流专业、应用型示范专业等57项次（见图9-3-2）。

（三）能力导向，建立"两实四训"中职教师培养新平台

一方面，两类实践。强化企业实践，递阶推进"观摩—研习—实习—顶岗—挂职—驻厂"一线实践；强化教学实践，分类开展"师带徒—观课—赛课—集体备课—磨课—人人过关"能力训练。共建国家和省级实验教学示范中心、虚拟仿真实验教学中心等10个。另一方面，四大训练。共建"职教师资专业能力实验教学中心"等5个省级实验教学示范

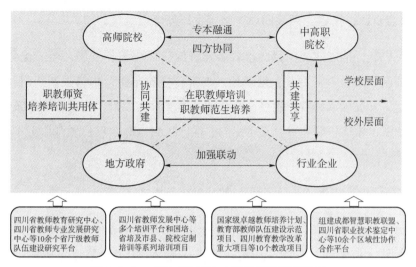

图 9-3-2　"四方协同"中职教师培养新机制

中心：做优思政提升，获全国党建"样板支部"等国家和省级奖励 10 余项；做强校内训练，聚焦课程、课堂、教法、实践，构建全程化、进阶式实训体系；做好跨校培训，坚持优势互补、双向促进；做实企业实训，"定期下厂""顶岗挂职"等，确保每年全员参加企业实践。具体（见图 9-3-3）。

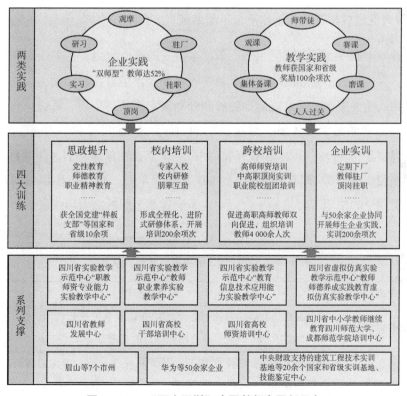

图 9-3-3　"两实四训"中职教师发展新平台

（四）整合资源，搭建"两院四项"教师发展新环境

创新两院机制，推进四类项目，整合多元资源，优化教师发展环境。优化专业学院，实施专业导师制，聚力主责主业；创新社区书院，打破专业、年级限制，创新育人模式。做宽教学项目，开展国家和省级项目 200 余项；做实育人项目，支持课程思政、实践育人等项目 100 余项；做优科研项目，支持纵向、横向项目 600 余项；做强服务项目，支持开展技术服务等。

（五）改革评价，构建"一诊三评"教师考核新模式

实施全员考核体系，改革教师评级机制。构建"五纵五横双引擎一平台"，实施全员目标管理；组建大质量部，履行"决策—生成—建设—服务—监控"职能；坚持持续改进，强化"大循环+小循环、考核性+自主性"，构建"诊断—激励—学习—创新—改进"机制。从教学、科研、育人、服务四维度推进分类评价，探索"个人贡献度+单位平均贡献率"的发展性评价，强化"实名打分+公示考核+意见反馈"的公开评价机制。

三、主要成效

（一）有力促进教学改革，培养平台不断增强

为提升省域中职专业师资团队水平，依托本模式的推广应用，在各中高职院校全力推进教学改革，为四川省中高职院校丰富了教学资料和人才培养软硬件实力。在整个建设过程中，主持完成涵盖中职教师培养的卓越教师计划国家级项目 2 项、省级项目 2 项；建设涵盖中职教师培养的国家和省级一流专业等 54 项次、国家和省级一流课程等 122 门次、国家和省级规划教材 46 本、国家和省级实训中心 10 个、教育部产学合作项目 252 项，搭建了内含"质量工程"52 项国家级项目和 263 项省级项目、在全省中职教师培养领域数量最多、门类最全的中职教师培养平台，创建了全省首个职教能力训练省级示范中心（见表 9-3-1）。

表 9-3-1　组织建设的中职教师培养平台

序号	类型	基本情况
1	培养模式	国家级卓越教师培养计划 2 项：推进卓越中职教师培养；四川省卓越教师培养计划 2 项：中职艺术师资培养综合改革项目等
2	专业建设	国家级一流专业建设点 10 个；计算机科学与技术等国家级特色专业 2 个；工商管理等四川省一流专业 24 个；汽车服务工程等四川省特色专业、应用型示范专业 21 个；电子商务等

续表

序号	类型	基本情况
3	课程建设	国家级一流课程、精品课程等 16 门次；"中职计算机教学法"等四川省一流课程、精品课程等 106 门次
4	教材建设	国家级规划教材 15 本：《导游英语》等；四川省规划教材 27 本：《旅行社计调与外联实务》等
5	实践平台	国家级实验教学示范中心 1 个；四川省实验教学示范中心、虚拟仿真实验中心 9 个；全省首个职教师资培养实验教学示范中心

（二）集成多方教育优势，中职教师培养质量不断提升

改革坚持"四方协同"，搭建"两实四训"培养新平台，整合高职院校、中职学校等职教优势和四川师范大学、成都师范学院的职教师资队伍培养优势，为四川省中职教育培养了大批的优质教师队伍，提升了职业教育师资团队的理论教学、实操教学、科研素养，为推动省域中职专业建设奠定了基础。

（三）着力中高本资源互补，教师水平不断提高

改革紧扣"将教师队伍建设作为基础工作"的职教发展要求，积极构建"两院四项"发展新环境，优化"一诊三评"评价新机制，以"支持+环境+评价"激发教师内生发展新动能；着力专本融通、资源互补，推进高职高师教师互换顶岗与跨校培训、共同开发一体化课程资源，联合推进教研教改攻关等，中职专业教师职业素养不断提升，10 余人次入选教育部高等学校中职教师培养教指委委员、四川省督学等，30 余人入选四川省学术与技术带头人及后备人选、天府万人计划专家、师范认证专家等，20 余人次获评全国课程思政教学名师、全国优秀教师、四川省教书育人教学名师、四川省先进工作者等，200 余人次承担教育部产学合作育人项目，100 余人次参加全国青年教师教学技能大赛、四川省职业院校教师教学能力大赛等国家和省级竞赛获奖，教学团队入选全国教师教育国家级教学团队、黄大年式教学团队、课程思政教学团队等。

四、示范推广

四川城市学院的中高职衔接师资团队建设实践，在泉州职业技术大学、四川省成都市中和职业中学、富顺职业技术学校、四川省建设工程项目管理协会、吉利集团等院校、行业组织、企业等进行了成效检验或应用推广，取得了良好的应用成效，并在多个场合进行推广，产生良好社会影响和示范效应。

一是改革经验在全国性会议广泛交流。学院先后在教育部职教师资培养教学指导委员

会会议、九三学社中央座谈会、全国家政服务业产教融合研讨会等会议上做 20 余次交流和专题发言，受到好评，案例入选国家教育行政学院培训教材。二是改革经验被同行院校广泛借鉴。云南高职高专院校参访团、重庆交通职业技术学院、新疆农业职业技术学院、杭州职业技术学院、宁波职业技术学院、广东番禺职业技术学院、重庆工业职业技术学院等 100 余所院校来学院交流学习；对口重庆、云南等 4 省市的 10 多所高职院校，进行教师管理模式输出和方案设计。三是改革经验被主流媒体广为报道。《中国教育报》、新华网、央广新闻等媒体先后以《四川城市职业学院"三个聚焦"扎实推进教师队伍建设》《成都师范学院：技术与人才融合 培养智慧好老师》等为题，60 余次报道本成果经验，产生良好社会影响和示范效应。

五、总结

四川城市学院的中高职衔接师资团队建设实践对标中职教师队伍建设新要求，秉持"大先生观"，上顶国家战略和专业标准，下立区域实际和学生需求，确立了"师范性+职业性+发展性"培养新思路，明确了"教师+导师+工程师（技师）"角色新定位，构建了"学科能力+职业能力+教学能力+育人能力"能力新结构，创新了中职教师培养理念；立足现代职业教育发展新任务，秉持"大职教观"，统筹高职院校职教优势、高师院校师范优势、中职学校和行业企业实践实训优势，共建中职教师培养共同体，创设了"中职+高职+师范院校+企业+地方"的中职教师培养新平台，创新了中职教师培养机制；聚焦职教师资内生发展新需要，秉持"大发展观"，构建"两院四项"教师发展新环境，完善"一诊三评"教师考核新机制，助推教师聚力主责主业、强化教书育人，激发"支持+环境+评价"教师内生发展新动能，创新了中职教师培养路径。虽然改革实践取得了良好成效，但是中职教师的培养是一个系统性、长期的工程，后续改革考虑组建中职教师培养职教联盟（集团），以便更好地推进中职、高职、师范院校、地方政府、企业等多方主体共同参与中职教师培养。

反思与展望：研究不足与后续研究方向

专业是中等职业教育人才培养的基本单元，只有真正把人才培养方案、课程、教材、教师、学生实践等都在专业这个平台上整合、发展、利用好，把专业建扎实、办出高水平、办出特色，才能培养出一流的技术技能人才，才能实现中职学校的内涵式发展，也才能真正发挥中等职业教育为区域产业经济助力赋能的作用。由此可见，专业建设已然成为职业学校的核心竞争力，成为职业学校和地区职业教育质量高低的重要标志，是学校抓内涵、抓质量、上台阶和上水平的突破口和着力点。然而，当前大部分中等职业学校专业建设普遍存在定位不清、理念不明，同质化倾向严重、脱离区域经济产业需求，以及内涵建设匮乏等问题。

尤其是作为发展最不平衡的省份之一的四川省，由于地理上幅员辽阔、地形条件复杂、基础底子各有不同，所以地区发展差距十分明显，最为突出的则是以成都为代表的中部平原地区以及以甘孜阿坝为代表的川西地区的区域性差距。从某种程度上讲，四川省是中国不均衡发展的投影。由于职业教育的发展与经济社会息息相关，在这样的省情下，四川各区域的中等职业教育发展更是表现出不均衡的特征，中职专业建设理念认知不清、布局结构失衡、内涵发展不高、推进落实协同不够等问题不胜枚举。在这样的背景下，如何探索出一条适合四川省中等职业教育专业建设质量提升的路径尤为重要。在这一总问题的指引下，最终课题组经过广泛调研分析明确了三个子问题：如何兼顾成都"高地"和三州民族地区"洼地"的职业教育专业建设？专业建设质量的内涵是何？包含哪些维度？各维度的建设路径有哪些？怎样落实专业建设质量提升的相关理念和路径？

通过近 7 年的研究和实践，我们尝试去解决这些问题，收获了很多经验，也取得了大量的成效。我们略感欣慰的同时，也依然感觉到还有很多问题需要我们继续深入研究，我们在此一并提出来，做一些反思，引起大家关注。

一是中等职业教育专业建设的绩效评价。专业建设绩效评价的本质是做出价值判断，政府、市场、中等职业学校管理者、教师、学生等利益相关者都会根据不同的价值评价指标，对专业建设的质量做出互有差异甚至彼此迥异的价值判断。评价指标体系是专业建设评估政策的核心内容，专业建设评价政策的科学性、全纳性在很大程度上依赖于评估指标选择的合理性和覆盖度。然而，当前的研究，并未系统研究中等职业教育专业建设的绩效评价，未设计一套科学的、统一的绩效评价指标体系。因此究竟中等职业教育专业建设质量提升的程度是多少？其对经济社会的贡献度是多少？其社会服务的贡献度是多少？行业企业在中等职业教育专业建设质量提升中的贡献度是多少……这些问题目前都无法用数据回答，而是主观地通过质性数据进行评价。因此，本课题接下来将进一步深入研究中等职业教育专业建设的绩效评价问题，进而回答中等职业教育专业建设效果如何的问题。

二是中等职业教育专业群的建设。2019 年 4 月，教育部、财政部联合印发《关于实施中国特色高水平高职学校和专业建设计划的意见》（教职成〔2019〕5 号），提出集中力量建设 50 所左右高水平高职学校和 150 个左右高水平专业群（以下称"双高计划"）。专业群是连接教育链、产业链与创新链的"桥梁纽带"，是深化产教融合校企合作、提升职业学校服务产业竞争力的重要载体，是推动高质量职业学校建设的基础与关键。而"双高计划"的实施将对中等职业教育产生巨大的导向作用，中职学校面临着新的形势。如何找准自身定位，寻求特色发展，与高职有效对接，成为一个重要问题。基于此，中等职业教育专业群的建设不失为一种新探索，目前也有部分中职学校正在进行专业群建设。但是，中等职业教育专业群建设与高等职业教育专业群建设有何异同？中等职业教育专业群建设的路径有哪些？省域层面如何推进中等职业教育专业群建设……这些问题目前的研究都没有涉及。因此，研究中等职业教育专业群的建设是当前理论层面和实践层面都亟须解决的事情。

以上两个问题，既是本课题研究过程中产生的新问题，也是我们和同人继续思考的方向。我们希望在解决这些问题的过程中，探索出更多中等职业教育专业建设质量提升的有效路径。

中等职业教育专业建设质量提升永远在路上！我们愿意让我们的研究成为铺路石，我们愿意成为这条路的建设者，我们更愿意看到这条路能够为中等职业教育高质量发展奠定基础。

参 考 文 献

[1] 辞海编辑委员会. 辞海（上册）[M]. 上海：上海辞书出版社，1999.

[2] 王焕勋. 实用教育大词典 [M]. 北京：北京师范大学出版社，1995.

[3] 姜大源. 职业教育学研究新论 [M]. 北京：教育科学出版社，2007.

[4] 黄宏伟. 职业教育专业建设新论 [M]. 杭州：浙江大学出版社，2015.

[5] 彭朝晖，张俊青，杨筱玲. 职业教育适应性提升——职业院校专业建设特色化研究 [M]. 北京：北京理工大学出版社，2021.

[6] 赫尔曼·哈肯. 协同学 [M]. 徐锡申，陈式刚，陈雅深，等译. 北京：原子能出版社，1984.

[7] 王贵友. 从混沌到有序——协同学简介 [M]. 武汉：湖北人民出版社，1987.

[8] 林宁. 职业教育学 [M]. 北京：清华大学出版社，2019.

[9] 黄宏伟. 职业教育专业建设新论 [M]. 杭州：浙江大学出版社，2014.

[10] 朱德全. 职业教育统筹发展论 [M]. 北京：科学出版社，2016.

[11] 李娜等. "后示范"建设时期广西中职学校专业发展的途径研究 [M]. 北京：北京理工大学出版社，2020.

[12] 石伟平. 时代特征与职业教育创新 [M]. 上海：上海教育出版社，2006.

[13] 齐守泉. 中高职专业衔接研究 [D]. 上海：华东师范大学，2016.

[14] 黄鑫. 能力与专业：中等职业学校专业建设研究 [D]. 重庆：西南大学，2013.

[15] 宁钰茹. 文化振兴下民族技艺融入民族地区职业学校专业建设的个案研究 [D]. 重庆：西南大学，2020.

[16] 刘小平. 中等职业学校专业建设问题及对策研究 [D]. 成都：四川师范大学，2016.

[17] 王鹤飞. 基于校企合作的中职汽修专业建设研究 [D]. 烟台：鲁东大学，2018.

[18] 赵子聪. 基于协同理论的产教融合工程人才培养模式建构与路径分析 [D]. 杭州：浙江大学，2021.

[19] 徐浩鸣. 混沌学与协同学在我国制造业产业组织的应用 [D]. 哈尔滨：哈尔滨工程大学，2002.

[20] 舒辉. 集成化物流研究 [D]. 南昌：江西财经大学，2004.

[21] 马欣员．美国科技政策及效应研究［D］.长春：吉林大学，2014.

[22] 徐国庆．中职教育的基础地位及新使命［N］.中国青年报，2021-09-06.

[23] 李涛，邬志辉，邓泽军．中国统筹城乡教育综合改革：统筹什么？改革什么？——《国家中长期教育改革和发展规划纲要（2010—2020年）》视域下的"城乡治理论"建构［J］.西南大学学报，2011（5）：122-130.

[24] 周川．"专业"散论［J］.高等教育研究，1992（1）：79.

[25] 韩杰．经济新常态下技工院校技能人才培养［J］.现代经济信息，2018（10）：435.

[26] 黄日强，邓志军．当代澳大利亚职业教育的发展趋势［J］.河南职业技术师范学院学报，2002（3）：81-84.

[27] 耿直．对加拿大职业教育特点的研究与思考［J］.继续教育研究，2010（12）：55-56.

[28] 王永志，刘媛媛．日本的职业技术教育［J］.吉林省经济管理干部学院学报，2008（12）：87-89.

[29] 梁绿琦，王文槿，赵婉莹．国外职业学校专业设置的比较研究［J］.中国职业技术教育，2001（6）：54-56.

[30] 黄亮．发达国家高职教育培养模式分析及对我国的启示［J］.无锡商业职业技术学院学报，2010（12）：48-51.

[31] 李振祥．我国高职教育产学合作与国内外的比较研究［J］.浙江工商职业技术学院学报，2007（6）：25.

[32] 黄东昱．论高职院校特色专业的内涵及其建设策略［J］.南昌高专学报，2008，23（6）：149-151.

[33] 刘健．论经济转型视角下中职学校专业建设的五个关系［J］.才智，2012（3）：268.

[34] 曲家惠，程秀莲．特色专业建设与课程体系创新［J］.长春理工大学学报（高教版），2010，5（3）：30-31.

[35] 庄敏琦．关于中职学校专业建设的新思考［J］.教育与职业，2007（12）：18-20.

[36] 李建求．论高职院校的专业建设［J］.高等教育研究，2003（4）：75-79.

[37] 刘伟．中职电子技术应用专业建设策略［J］.科学咨询（科技·管理），2017（8）：117.

[38] 王欢．产教融合背景下职业教育专业建设对策研究［J］.职业技术教育，2020（33）：47.

[39] 兰敏．中职学校专业设置与专业建设的思考［J］.科学咨询，2011（12）：45-46.

[40] 易继勇．中等职业学校专业建设问题及策略［J］.科教导刊（上旬刊），2010（11）：84-85.

［41］董祝元，温绍金．论经济转型视角下中职学校专业建设的五个关系［J］．中等职业教育（理论），2010（11）：11-12.

［42］邵红蒙．生命周期视角下广西中等职业学校专业建设研究［D］．桂林：广西师范学院，2017.

［43］盖馥．生命周期理论对高职院校专业建设管理的启示［J］．北京教育学院学报，2014，28（4）：59-62.

［44］林振昺，陈雯．OBE理论视角下中职专业建设策略研究——以新能源汽车维修技术专业为例［J］．机械职业教育，2017（2）：14-18.

［45］周如俊，董政．"六个对接"视角下中等职业学校专业建设的实践研究——以船舶制造与修理专业为例［J］．江苏教育研究，2014（24）：77-80.

［46］王平，张强．基于"能力—专业"二维架构的专业教学资源库建设［J］．岳阳职业技术学院学报，2014，29（3）：64-67.

［47］孙俊台．求真务实推进示范专业建设［J］．职教通讯，2003（7）：20-22.

［48］眭平，马万全．加强示范专业建设 切实提高职业学校吸引力［J］．职教通讯，2020（7）：17-19.

［49］李辉，徐志锋，孙姿芬，等．推动校企对接，打造专业特色［J］．科技与企业，2015（7）：168.

［50］凌丽．职业技术学校创建示范专业的"五个着眼点"［J］．信息系统工程，2010（3）：115-116+114.

［51］杨世伟，许晓红．公安类特色专业建设的反思与建构［J］．教育探索，2013（4）：67-68.

［52］曹宪周，王明旭，张海红，等．基于专创教科融合的过程装备与控制工程专业建设研究［J］．高教学刊，2020（6）：24-26.

［53］吕红萍，张国红．金华市中职省级示范专业和实训基地运作的现状及对策［J］．职教论坛，2009（24）：37-41.

［54］张信和．示范专业建设促进电大教育品牌塑造的实践与探索［J］．广州广播电视大学学报，2009，9（5）：41-44+109.

［55］曾绍平，戴勇．基于示范专业在教学实施中的探索与思考［J］．教育教学论坛，2012（S1）：166-167.

［56］殷锋社，梅创社．基于职业导向的计算机应用类专业探析［J］．科技信息，2011（5）：212-213.

［57］高鸿．中等职业教育专业建设的问题与对策［J］．辽宁教育研究，2005（3）：46-48.

［58］刘文全，马君．新中国成立70年中等职业教育的历史使命与变迁——基于中等职业教育政策文本分析［J］．中国职业技术教育，2019（24）：28-35.

［59］贾旻，王迎春．新中国成立 70 年职业教育发展历程、经验与展望［J］．河北大学成人教育学院学报，2020，22（2）：91-100.

［60］宋亚峰．高等职业教育专业建设政策变迁研究——基于历年我国高等职业教育专业建设相关政策的社会网络分析［J］．中国职业技术教育，2021（30）：55-64.

［61］陈伟，薛亚涛．论专业建设的中国逻辑［J］．高教探索，2021（4）：11-17.

［62］谢秋山，杨旭．垃圾分类政策缘何收效甚微？——基于 1986—2019 年中央政策文本的内容分析［J］．中国公共政策评论，2021，19（2）：53-75.

［63］高宏钰，霍力岩，谷虹．幼儿园教育传承传统文化的内容与方式——基于政策文本的研究［J］．基础教育课程，2019（19）：33-40.

［64］陈子季．编好用好新版职业教育专业目录服务"十四五"高质量发展［J］．中国职业技术教育，2021（7）：6.

［65］郝天聪，石伟平．从松散联结到实体嵌入：职业教育产教融合的困境及其突破［J］．教育研究，2019，40（7）：102-110.

［66］李坤宏．类型教育视域下职业教育人才贯通培养的原则、问题及路径［J］．教育与职业，2022（2）：13-20.

［67］朱德全．职业教育促进区域经济高质量发展的战略选择［J］．国家教育行政学院学报，2021（5）：11-19.

［68］俞佳飞．高等教育普及化进程中的中等职业教育：现状、困境与对策——基于浙江省中职毕业生发展状况的调查［J］．职业教育（下旬刊），2020，19（5）：3-12.

［69］黄琨．基于岗位职业能力的中职专业课程体系建设——以计算机网络技术专业为例［J］．电子世界，2020（3）：88-89.

［70］郎文革，阚瑞芬，李晶．中职学校专业建设质量评价的核心指标分析［J］．农家参谋，2019（24）：229+293.

［71］陈刚．固本强基提升中职学校专业内涵建设［J］．职业教育（中旬刊），2018，17（7）：26-28.

［72］吕大章．基于全面发展理念的中职课程体系建设［J］．教育科学论坛，2017（36）：46-50.

［73］曾茂林．中职"后示范"持续发展关键要素研究［J］．职业技术教育，2017，38（32）：8-11.

［74］堵有进．中高职衔接的现实问题与破解对策［J］．教育与职业，2017（13）：51-56.

［75］林如军．区域中职专业建设策略研究［J］．中国职业技术教育，2017（14）：56-59.

［76］谢树方，唐以志．中等职业学校教育教学质量监控与教学评价机制的研究［J］．中国职业技术教育，2016（17）：55-63.

［77］沈军，朱德全. 中等职业学校专业建设评估体系研究［J］. 中国职业技术教育，2016（6）：17-22.

［78］徐谷，黄正轴. 武汉市中等职业学校专业建设评估报告［J］. 中国职业技术教育，2015（4）：55-60.

［79］闵建杰，李承钧. 论中等职业学校的专业质量评价指标体系的完善［J］. 职教论坛，2015（3）：69-72.

［80］顾力平. 以"能力递进"为主线的中高职教育衔接研究［J］. 教育与职业，2013（29）：26-27.

［81］李倩，汤光伟. 民办中等职业学校的发展研究——以海南省为例［J］. 职教通讯，2013（1）：67-72.

［82］杨德荣，姬建丽. 基础能力建设视野下的职业院校专业建设［J］. 中国职业技术教育，2011（12）：53-57.

［83］周如俊. 中职"四位一体化"教学体系的构建［J］. 职教论坛，2009（30）：32-34.

［84］孙锦明，万曙林. 中职专业设置原则与建设策略［J］. 成人教育，2006（12）：65-66.

［85］孙锦明，李秀敏. 中职专业设置的若干问题探析［J］. 前沿，2006（7）：90-92.

［86］彭秀芳. 高等职业教育与国际教育水平接轨若干问题的思考与探索［J］. 教育理论与实践，2005（12）：21-23.

［87］陈维彬. 专业建设实践与思考［J］. 温州职业技术学院学报，2002（3）：62-65.

后　记

　　为贯彻落实《四川省人民政府关于加快发展现代职业教育的实施意见》中关于"实施职业教育基础能力建设计划"和《四川省教育事业发展"十三五"规划》中关于实施"中等职业教育能力提升工程"要求，进一步推进优质职教资源建设，提高中职办学水平和质量，从 2018 年起在全省范围内实施四川省中职示范（特色）专业建设计划，在短短的四年时间里，成绩显著，成为"十三五"期间学校抓内涵、提质量的重要抓手。作为专业建设计划的实践者，对该计划做系统总结和研究，这是应尽之责，也是对关心支持此项工作的各界之士的回应。因此，四川省教科院组织力量，编写这本《多维协同 差异均衡：省域中职专业建设质量提升模式的理论与实践》，经过编写人员尽职尽责的努力，根据多方意见反复修改，数易其稿，历经数月编成此书。

　　在书稿即将付梓出版之际，感触良多，不仅是因为一项工作的终结，更多的是我们在这个过程中的经历与收获，不管怎样，工作多年之后出版一部专著，总是一件让人特别高兴的事情。

　　新书出版，首先以最诚挚的敬意感谢四川省教育厅职教处，你们的大力支持，给予了我们很多鼓励和鞭策，我们甚是感激！感谢参与示范（特色）专业建设的四川省苍溪县职业高级中学、四川省蒲江县职业中专学校、四川交通运输职业学校、四川省绵竹市职业中专学校、自贡职业技术学校、四川省阿坝卫生学校以及四川信息职业技术学院、成都工贸职业技术学院、四川城市职业学院，为我们的研究提供了大量资料。感谢北京理工大学出版社对我们的鼎力支持。

　　由于时间和能力有限，本书难免存在一定的疏漏和不足，在此真挚地希望广大读者给予指正。

编　者
2022 年 5 月